国家出版基金项目
NATIONAL PUBLICATION FOUNDATION

山地城市交通创新实践丛书

山地城市高架桥梁
地震灾害与控制方法

刘雪山 ◇ 著

重庆大学出版社

内容提要

随着城市的发展,许多山地城市采用城市高架桥梁体系来解决交通拥堵问题。本书针对山地城市传统高架桥梁震后桥墩残余位移过大的缺点,以基于可恢复性高架桥梁的抗震设计理念,通过对不同结构形式的自复位桥墩进行拟静力试验研究,得出3种不同形式的高架桥梁抗震性能。在理论和试验的基础上,本书进一步结合实际工程实践进行试设计,并提出总结和后续研究展望。

图书在版编目(CIP)数据

山地城市高架桥梁地震灾害与控制方法／刘雪山著
.--重庆:重庆大学出版社,2022.6
(山地城市交通创新实践丛书)
ISBN 978-7-5689-1632-5

Ⅰ.①山… Ⅱ.①刘… Ⅲ.①山区城市—高架桥—桥梁设计—防震设计—研究 Ⅳ.①U448.28

中国版本图书馆 CIP 数据核字(2019)第 125165 号

山地城市交通创新实践丛书
山地城市高架桥梁地震灾害与控制方法
Shandi Chengshi Gaojia Qiaoliang Dizhen Zaihai Yu Kongzhi Fangfa
刘雪山 著
策划编辑:张慧梓 范春青 林青山
责任编辑:姜 凤 肖乾泉 版式设计:张 晗
责任校对:王 倩 责任印制:赵 晟
*
重庆大学出版社出版发行
出版人:饶帮华
社址:重庆市沙坪坝区大学城西路 21 号
邮编:401331
电话:(023)88617190 88617185(中小学)
传真:(023)88617186 88617166
网址:http://www.cqup.com.cn
邮箱:fxk@ cqup.com.cn(营销中心)
全国新华书店经销
重庆升光电力印务有限公司印刷
*
开本:787mm×1092mm 1/16 印张:14.5 字数:310千
2022 年 6 月第 1 版 2022 年 6 月第 1 次印刷
ISBN 978-7-5689-1632-5 定价:138.00 元

序 一
FOREWORD

多年在旧金山和重庆的工作与生活，使我与山地城市结下了特别的缘分。这些美丽的山地城市，有着自身的迷人特色：依山而建的建筑，起起落落，错落有致；滨山起居的人群，爬坡上坎，聚聚散散；形形色色的交通，各有特点，别具一格。这些元素汇聚在一起，给山地城市带来了与平原城市不同的韵味。

但是作为一名工程师，在山地城市的工程建设中我又深感不易。特殊的地形地貌，使山地城市的生态系统特别敏感和脆弱，所有建设必须慎之又慎；另外，有限的土地资源受到许多制约，对土地和地形利用需要进行仔细的研究；还有一个挑战就是经济性，山地城市的工程技术措施相比平原城市更多，投资也会更大。在山地城市的各类工程中，交通基础设施的建设受到自然坡度、河道水文、地质条件等边界控制，其复杂性尤为突出。

我和我的团队一直对山地城市交通给予关注并持续实践；特别在以山城重庆为典型代表的中国中西部，我们一直关注如何在山地城市中打造最适合当地条件的交通基础设施。多年的实践经验提示我们，在山地城市交通系统设计中需要重视一些基础工作：一是综合性设计（或者叫总体设计）。多专业的综合协同、更高的格局、更开阔的视角和对未来发展的考虑，才能创作出经得起时间考验的作品。二是创新精神。制约条件越多，就越需要创新。不局限于工程技术，在文化、生态、美学、经济等方面都可以进行创新。三是要多学习，多总结。每个山地城市都有自身的显著特色，相互的交流沟通，不同的思考方式，已有的经验教训，可以使我们更好地建设山地城市。

基于这些考虑，我们对过去的工作进行了总结和提炼。其中的一个阶段性成果是 2007 年提出的重庆市《城市道路交通规划及路线设计规范》，这是一个法令性质的地方标准；本次出版的这套"山地城市交通创新实践丛书"，核心是我们对工程实践经验的总结。

1

丛书包括了总体设计、交通规划、快速路、跨江大桥和立交系统等多个方面，介绍了近二十年来我们设计或咨询的大部分重点工程项目，希望能够给各位建设者提供借鉴和参考。

工程是充满成就和遗憾的艺术。在总结的过程中，我们自身也在不断地反思和总结，以做到持续提升。相信通过交流和学习，未来的山地城市将会拥有更多高品质和高质量的精品工程。

美国国家工程院院士

中国工程院外籍院士　　邓文中

林同棪国际工程咨询（中国）有限公司董事长

2019 年 10 月

序 二
FOREWORD

　　山地城市由于地理环境的不同,形成了与平原城市迥然不同的城市形态,许多山地城市以其特殊的自然景观、历史底蕴、民俗文化和建筑风格而呈现出独特的魅力。然而,山地城市由于地形、地质复杂或者江河、沟壑的分割,严重制约了城市的发展,与平原城市相比,山地城市的基础设施建设面临着特殊的挑战。在山地城市基础设施建设中,如何保留城市原有的山地风貌,提升和完善城市功能,处理好人口与土地资源的矛盾,克服新旧基础设施改造与扩建的特殊困难,避免地质灾害,减小山地环境的压力,保护生态、彰显特色、保障安全和永续发展,都是必须高度重视的重要问题。

　　林同棪国际工程咨询(中国)有限公司扎根于巴蜀大地,其优秀的工程师群体大都生活、工作在著名的山地城市重庆,身临其境,对山地城市的发展有独到的感悟。毫无疑问,他们不仅是山地城市建设理论研究的先行者,也是山地城市规划设计实践的探索者。他们结合自己的工程实践,针对重点关键技术问题,对上述问题与挑战进行了深入的研究和思考,攻克了一系列技术难关,在山地城市可持续综合交通规划、山地城市快速路系统规划、山地城市交通设计、山地城市跨江大桥设计、山地城市立交群设计等方面取得了系统的理论与实践成果,并将成果应用于西南地区乃至全国山地城市建设与发展中,极大地丰富了山地城市规划与建设的理论,有力地推动了我国山地城市规划设计的发展,为世界山地城市建设的研究提供了成功的中国范例。

　　近年来,随着山地城市的快速发展,催生了山地城市交通规划与建设理论,"山地城市交通创新实践丛书"正是山地城市交通基础设施建设理论、技术和工程应用方面的总结。本丛书较为全面地反映了工程师们在工程设计中的先进理念、创新技术和典型案例;既总结成功的经验,也指出存在的问题和教训,其中大多数问题和教训是工程建成后工程师们的进一步思考,从而引导工程师们在反思中前行;既介绍创新理念与设计思考,也提供工程实例,将设计理论与工程实践紧密结合，既有学术性又有实用性。总之，丛书内容丰富、特色鲜明，表述深入浅出、通俗易懂，可为从事山地城市交通基础设施建设的设计、施工和管理的人员提供借鉴和参考。

中国工程院院士
重庆大学教授　周绪红

2019 年 10 月

前 言
PREFACE

　　我国中西部的城市大部分为山地城市。在山地城市中,交通基础设施建设受自然环境、河道水文、地质条件等因素影响,其综合性和复杂性尤其突出。随着城市交通的发展,许多山地城市采用城市高架桥梁系统来解决交通拥堵问题,并成功应用在城市快速路、城市复杂立交桥、综合交通枢纽、轨道交通区间、市域铁路区间等项目上。

　　城市高架桥梁设计的重点之一就是桥梁的抗震设计。近年来,国内外多次重大地震灾害调查表明,城市高架桥梁受地震灾害影响最显著的特点就是造成了大量的经济损失,同时桥梁结构的损坏对后续救援工作造成了极大的困难,导致了更多的人员伤亡。

　　基于对高架桥梁结构抗震能力认识的不断提高,国内外学者开始对过去视为正确抗震的设计思想进行反思,认识到过去桥梁抗震设计的重点是防止桥梁震后倒塌和保证人员安全是远远不够的。利用桥墩的延性来抗震,虽然可以有效避免桥梁倒塌,但震后桥墩可能产生严重损伤或较大的残余位移,严重影响了桥梁震后的使用功能,不能快速恢复交通,甚至可能需要拆除重建,造成巨大的经济损失。应转换思路使桥梁结构在地震后可以迅速恢复交通,为保证救援等工作的顺利展开,而如何有效改善桥墩震后功能的可恢复性是减小地震损失,并保障震后救援通道畅通的重要措施。具有自复位性能的桥墩体系可有效提高桥梁震后功能的可恢复性,从而成为近年来国内外桥梁抗震领域的研究热点。

　　本书针对山地城市传统高架桥梁震后桥墩残余位移过大的缺点,以基于可恢复性高架桥的抗震设计理念,通过对无黏结预应力钢筋混凝土节段拼装桥墩、无黏结预应力钢管混凝土节段拼装桥墩及

1

无黏结预应力嵌入式钢管混凝土节段拼装桥墩 3 种不同结构形式的自复位桥墩进行拟静力试验,同时建立有限元模型,进而由有限元数据来验证试验数据,通过抗震性能参数进行对比分析,得出 3 种不同形式自复位桥墩抗震性能。在理论和试验的基础上,本书进一步结合实际工程应用,以呼和浩特市三环路工程为依托,进行山地城市高架桥梁地震灾害控制方法的试设计,并提出总结和后续研究展望。

刘雪山

2021 年 12 月

目 录
CONTENTS

1

第 2 篇　研究篇

第3篇　设计篇

第 1 篇

实践篇

第1章　山地城市交通系统特点综述

从地球表面地形地质上看,所有的陆地地表土地均可以分为山地、平原、高原和丘陵4种主要类型。其中,"山地"被定义为起伏较大、地势较高的山区,其广泛分布在陆地地貌中,通常位于地质运动活跃、地质构造复杂的地区。在全球地形地貌中,山地面积占陆地面积的绝大部分,是全球陆地的重要组成部分。

城市作为一种人类文明的高级聚居模式,其形态受到地形地貌的影响较大,按照地形地貌通常可以分为"平原城市"和"山地城市"两种主要类型。"山地城市"是指选址建设在山地区域,以及修建在地形坡度大于5°的起伏不平的坡地上的城市,在国外也称为"斜面城市"或"坡地城市"等。例如,瑞士日内瓦、法国戛纳、美国旧金山等都是世界著名的山地城市,我国比较有代表性的山地城市包括香港、重庆、兰州、温州、绵阳等。有些城市选址和建设虽然在平坦区域,但是城市内部或者周围的复杂地形与自然环境条件对城市空间结构和发展有重大影响,也可以视为山地城市,如我国的昆明、贵阳、呼和浩特、太原等。

由于受地形地貌等多重因素影响限制,山地城市的空间形态和交通特点与平原城市迥然不同。以重庆为例,重庆位于我国西南部,地处青藏高原与长江中下游平原的过渡地带,地势由南北向长江、嘉陵江河谷地区逐级降低,城区最高海拔1 421 m,最低152 m,所在区域呈现出三山夹两江的地形形态。特殊的地形条件使得城市空间布局受阻、城市建设用地紧张、城市功能高度聚集,从而形成了重庆"多中心、组团式"的城市空间形态。受山水地势分割与阻隔影响,中心城区城市道路以"逢山开路,遇水架桥"顺势而为向外延伸,桥梁隧道成为片区、组团之间交通连接的"咽喉"通道。

1.1　山地城市的空间结构布局

自然地形环境是城市形态的母体,山地城市所在区域的基本地形从根本上决定了城市空间形态的发展方向。而山地城市的地形地貌复杂多变,使得山地城市的用地面积受到了极大的限制,其空间布局形成与发展在不同时期具有不同特征。从近半个世纪的发展来看,山地城市空间布局经历了从团状发展到带状或散点状发展再到多中心组团式布局结构结构的变化历程。

围绕四周的高山、穿城而过的河流以及两岸高低起伏的地形是比较典型的山地城市发展环境。在山地城市形成的初期,复杂的地形地貌阻断了城市向四周扩张,人们一般选择河谷地带或缓山坡面作为城市建设的主要用地,此阶段的城市多为团状布局,城市服务设施等公共中心位于团状区域中心,与其他区域的连通性较高。这种形式下的城市道路多为依照地势、顺应自然的原始道路系统,交通方式以步行出行为主,城市梯道系统比较发达,而车行出行较少。

随着原有的城市用地不断扩展,山地城市发展轴开始沿着发展阻力最小的河岸或谷底纵向延伸,同时垂直方向上则从河谷开阔地坝沿山坡向山上扩展,这一阶段的山地城市逐步呈现出带状布局。带状布局的主要特点是平面结构较顺畅和交通流的方向性较强,然而由于道路两侧的交通来源并不均等,容易在局部形成狭窄区域,造成交通瓶颈。因此,城市交通组织和设施设置开始根据实际地形灵活布置,并适度考虑未来发展弹性空间,路网逐步呈现出内部为不规则与规则并存的路网布局形式。

随着人们大规模地聚集、活动范围的扩大和交通基础设施的完善,原有带状或散点状的山地城市布局已不能满足城市发展的需求,此时的山地城市有必要跳出原有河谷地带,向外围寻求支撑点,扩散过程中受到山、水条件的阻隔而与老城区隔离,城市组团内部的相对集中与山水隔离的分散相结合,最终发展成为多中心、组团式的空间格局。此阶段外围组团内部功能逐步完善、部分组团合并、组团规模扩大,组团内部道路整体格局已完善,组团间交通瓶颈也逐步减少,组团内路网呈现"高密度、低路幅"的特征。组团之间比较分散,但距离通常不长,组团之间的交通联系比较密切,依托城市主干道网体系进行连接联系。

空间紧凑发展模式是山地城市空间为适应了地形地质复杂、土地资源稀缺、人口密度高的特点而形成的,主要通过自然资源的有效保护、交通空间的合理利用以及建成空间的紧凑开发来实现。空间紧凑发展模式可以防止城市无序蔓延扩张,减轻建设投资压力,从而挖掘城市用地潜力,提高城市空间利用率。同时,随着交通技术水平的提高,多种交通方式的应用为组团内部纵向交通的发展提供了动力,对山地城市多中心组团式结构的发展和成熟起到了积极的支撑和推动作用。

1.2 山地城市交通的特殊性

1.2.1 山地城市交通特征

从山地城市的空间布局发展历程来看,城市的交通系统与城市布局同步形成,自始至终贯彻于山地城市的发展过程。山地城市交通系统与城市空间布局相互依托、相互适应,城市布局与形态成为影响城市交通的重要因素。现代山地城市的空间结构大多数为多中心组团式布局,其交通系统在道路线形、路网布局、交通方式构成、交通流特征等方面与平原城市存在明显不同,二者对比见表1.1。

表 1.1 山地城市与平原城市交通特征对比

对比项目	平原城市	山地城市
道路线形	路网形态通常比较规则,常运用轴线或规则方格路网等设计手法	地形起伏多变,往往出现不规则路网形态,道路网形态常与地形相适应
路网布局	多表现为规划路网布局	多呈现自由式道路网布局
交通方式构成	交通方式多样,主要由小汽车、地面公交、轨道交通、摩托车、自行车、电动车以及行人构成	由于受山地城市道路多坡度的限制,交通组成几乎没有自行车和电动车,主要由小汽车、地面公交、轨道交通及行人构成,此外还存在索道、渡轮等独具特色的交通方式
交通流特征	通向核心组团的道路较多,其潮汐性及车流速度变化与城市发展水平有密切联系	受山地城市中心组团强烈吸引,以及道路条件的限制,其交通流向在同等城市中体现出明显、普遍的方向性、潮汐性以及车流速度的不均衡性

山地城市地质复杂,地形起伏大,其路网建设一般是结合自然地形,采用自由式路网结构布局,这就决定了山地城市道路具有非直线系数较大的特点。此外,由于地形限制,山地城市不规则弯曲路段较多,道路绕行距离较大,行车速度慢。与平原城市相比,山地城市的用地资源十分紧缺,紧缺的用地资源造就了路网"高密度,低路幅"的

特征。随着城市经济的快速发展,各组团之间的联系也日益紧密,彼此之间的交通需求将会急剧增长,各组团片区之间常用城市主干道、快速路、桥梁、隧道和轨道交通等方式相互串联,形成片区之间的"大动脉"。这些"大动脉"就组成了山地城市跨片区、跨组团出行的通道系统。

山地城市用地多被山峦或溪河等分割形成分片区的布局模式,因此交通方式相比平原城市有所不同,呈现出多样化、立体化的特征。山地城市除了拥有步行、地面公交、出租车、私家车、轨道交通等常规的交通方式外,还以室外自动扶梯、索道、吊车、梯道、渡轮等作为辅助交通方式,为竖向交通提供了便利。通过将山地地形特征与现代交通技术相结合,利用不同的地势高差发展多样性的立体交通,从而克服地形障碍,形成山地城市特有的爬坡式立体交通空间。

从山地城市布局可知,山地城市用地较为分散,往往形成多组团和多中心的结构,因此各片区中心之间往往存在桥梁、隧道、轨道以及快速路相互连接。在高峰时段,跨片区、组团出行的交通量都集中在这些通道上,使这些"重要通道"往往承受巨大的交通压力,交通流呈现出明显的潮汐特性,早晚高峰时段流量较大,而组团内用地的同一性和均质化又使得组团内部出行量相对较小。

1.2.2　山地城市交通设计特点

由于山地城市的高低起伏较大,交通就是连接山地城市各个空间的一个重要纽带。山地城市的交通设计主要包括桥梁、隧道、公路以及水系等设计。这些交通形式往往是交替使用的,所以在对山地城市的交通进行设计的过程中,不仅仅需要考虑桥梁、隧道、公路以及水系单体的设计,而且还需要注重不同的交通形式之间的连接,才能在山地城市中构筑一个完善的交通体系。因此,山地城市的交通设计相比于平原城市的路网布置要复杂得多,而且在进行相关基础设施建设的过程中,由于受到地形地貌的限制,也使得建设活动面临很多的困难,使之成为一个多维度的系统性网络。

山地城市的交通设计应注重道路连通度,以满足道路网络容量需求。由于山地城市地形的复杂性,城市道路的竖向联系较为困难,许多复杂地形下的道路由于高差原因不能连通,致使车行交通的绕行距离较长,道路的整体连通度较低。在复杂的地理环境和交通设施的多样化兼容下,交通系统规划特别注重线路之间的良好连接,获得快速顺畅的交通。在山地城市道路设计中,要在有限的宽度空间内合理安排各功能区的位置,选择合适的宽度标准,注意土地的整合和集约利用。对于道路周边场地的垂直变化,需要在设计中系统考虑,不断尝试,力求满足各个区域的交通出行需求。对于条件特别困难的地区,可结合路网布局采取合理的交通引导措施。

山地城市的地形地质条件复杂,需要充分考虑多模式的交通体系。山地城市地形条件复杂,可用平地较少,土地资源矛盾非常突出,城市建设用地也非常稀缺。在山地城市规划中,基本都是以比较平坦宽阔的土地作为建设用地,而城市道路预留用地往往是有限的,所以和平原地区相比,相同等级道路的红线宽度要小很多。受地形影响,每个街区往往地势变化较大,高程变化比较剧烈,对道路布局影响很大。交通技术的发展对城市的形成和发展起到了重要作用。汽车交通形成了以城市快速路系统和高速公路系统为主的现代城市空间结构,地铁轻轨、高架快速路等交通形态与山城立体地形相结合,打造出更丰富的多维城市空间。山地城市的地形地貌导致山地城市道路形态复杂,连接这些道路的立交更为复杂,相比平原城市的常规立交,也有人和立交这样复杂的立交桥。由于山地城市缺乏外部通道,道路功能定位混乱,路网连通性差,这使得山地城市的交通流量更加依赖高速公路和城市快速路。

山地城市的交通系统必须注重投资控制,提高资金利用效率。山地城市交通设计必须结合山地地形和河流走向,因地制宜确定设计方案。与平原城市相比,山地城市的地形在相同等级道路、相同设计车速的条件下,允许坡度比平原城市高。如果建设像平原城市一样的平坦道路,需要大量的开挖和填方,这就需要一方面考虑城市的地势,另一方面考虑建设的投入成本,在地形高差特别大的地区,宜设置人、车分开的两套道路系统;在确定道路走向和宽度时,尤其要注意节约用地和投资费用。山地城市道路选线还要注意所经地段的工程地质条件,线路应选在土质稳定、地下水位较深的地段,尽量绕过地质和水文地质不良地段。

山地城市的交通系统必须注重自然环境,应进行全面的生态环保设计。在山地城市建设中,要特别注意自然环境和城市景观的保护。特别是在交通工程建设中,应避免深挖高填,破坏整体环境现象。道路设计人员应采取综合治理措施,适应地形地貌特点。例如,断面可以是分开的,也可以是多步的,这样既节省了工程成本,又不会过度影响城市景观,同时,更能适应两侧道路的交通需求。遇到深挖高填时,尽量利用明洞、高架桥、栈桥等,以免破坏原有山体,并结合土地利用规划,绿化边坡,避免过多的人工痕迹。在交通设计中,对周边环境的保护被放在了比较重要的位置,应遵循因地制宜的原则,最大限度地保护山体地貌和自然环境。

山地城市的交通系统内桥梁、隧道、边坡等构筑物复杂,应对构筑物进行精细化和创新设计。由于山地城市的地形地貌复杂,路网以不规则曲折的形式存在,并以高密度路网的形式表现出来,因此,城市组团内连接密集,建立了密集的主干道和次干道,主干路、支路被山水阻隔,群落之间的联系主要依靠桥梁和隧道,通行渠道少,可替代性差。一旦发生交通拥堵,就会迅速蔓延,影响相接道路。由于桥梁和隧道的建设成本远高于普通道路,山地城市的跨江桥梁和隧道数量不可能像普通道路一样多。因此,多条道路往往连接在一座桥梁或隧道上,一旦多条道路的交通量趋于汇聚,就会使得桥梁或隧道的交通量在短时间内迅速增加,造成交通拥堵。此外,山地城市地形复杂,部分道路两侧边坡较高,而高边坡的不稳定性使得山地城市道路受到滑坡、失稳和倒塌而中断的概率增加。因此,桥梁、隧道、边坡等构筑物增加了山地城市道路的脆弱性,必须要高度重视相应构筑物的设计和创新。

1.3　山地城市高架桥梁的特点

　　为了构建山地城市的交通网络,山地城市必须在复杂山区环境中建设高架桥梁工程。从山地城市的空间布局和交通特征可知,多中心组团式的城市布局下,桥梁作为跨片区、跨组团出行通道系统的"大动脉",往往承受较大的交通压力。此外,桥梁受到自然灾害后破坏的概率较大,破坏后恢复的时间较长,这也使得山地城市交通系统中桥梁的脆弱性较大。由此可见,山地城市的道路基础设施中,高架桥梁有举足轻重的作用。由于自然环境的复杂性,山地城市高架桥梁建设在项目选址、上下结构形式和配套施工工艺等方面都遇到了很大的困难。

　　山地城市高架桥梁对安全要求更高。山地城市的地形地质条件复杂,地面高差大,变化频繁,泥石流、山崩、塌岸、山洪、有害气体等不良地质灾害时有发生。如果桥位和走线选择不当,桥梁结构将始终处于危险环境之中,人们的生命财产安全得不到保障。桥位应尽量避开断层、滑坡、泥石流、强岩溶以及其他不良地质的地段,选在两岸有山嘴或高地的河岸稳固和基岩、坚硬土层外露或埋藏较浅、地质条件良好的稳定河段,协调解决好桥梁各细部构造与地形地质之间的关系。

　　山地城市高架桥梁对环境保护要求更高。山地城市桥梁的建设和使用方便了交通出行,但在山地城市的特殊环境下,建设桥梁也会对周边生态环境产生影响。山地城市的地形起伏很大,在桥梁建设中,经常会遇到高填方和深基坑的情况。为了使桥梁主路段的坡度不会太大,填挖也是必不可少的。在这个过程中,要保证高填深挖正确,同时要避免入侵周围耕地土壤。例如,为减少基础开挖对山坡的影响,可采用单柱单断面设计。同时,要重视桥梁与周边自然环境的协调,力求将破坏降低到最低程度,追求实现桥梁结构全寿命期间的成本最低化和工程最优化。在跨越地质条件较好的沟谷时,可采用拱式结构,体现山区桥梁造型特色;在曲线路段可采用弯箱梁,桥墩采用桩柱式,体现桥梁结构的轻盈。

　　山地城市高架桥梁对施工工法要求更高。相较平原地区,山地城市的自然条件更差,复杂环境下的桥梁工程建设难以开展。山地城市地形狭窄导致预制场地狭小,甚至没有预制场地,且运输便道条件差,运输通道相互干扰使得运输受限,部分桥位大型机具、大型构件无法进入施工现场。为了适应起伏的地形,山地城市桥梁往往需要使用高墩跨越起伏的山峦和沟壑,然而崎岖不平的地形使得同一座桥梁的墩高也会不同,导致刚度差异较大,竖向温差变形不均匀,同时由于许多桥墩位于斜坡上,纵横坡陡,使基础开挖量较大,边坡防护困难,项目的施工难度也将大大增加。此外,由于环境的复杂性,在施工过程中存在许多不确定和不可预测的因素,也会影响桥梁施工的质量和进度。

山地城市高架桥梁对结构耐久性要求更高。桥梁结构的耐久性取决于材料的自身特性和结构的使用环境,并且与结构设计、施工及养护管理密切相关。山地城市自然环境极其复杂,气候多变,多雨潮湿,气温变化大,对桥梁结构的耐久性影响很大。由于材料的耐久性不足,桥梁结构发生变形或破坏的情况很多,选择合适的结构材料是提高桥梁耐久性的有效手段,因此对桥梁耐久性的研究主要集中在材料的研究上。影响桥梁结构耐久性的因素有很多,如桥梁所处的自然环境、桥梁结构设计、结构长期受力状态以及养护管理等。在复杂的山地环境中,这些影响因素往往不可控,对桥梁结构的耐久性产生极为不利的影响。

山地城市高架桥梁对运营维护要求更高。山地自然环境复杂,桥梁结构长期暴露在复杂恶劣的自然环境中,会使桥梁病害问题更加严重,影响正常运营通车。桥梁作为山地城市交通系统的"大动脉",一旦出现病害进入维修施工,通行能力将大幅下降,进而导致桥梁本身以及相接道路的交通拥堵,加上桥梁的维修施工难度很高,甚至可能造成整个道路网络的交通瘫痪。随着已建成桥梁数量的增加,在役桥梁的重心逐渐向加固和养护方向转移,桥梁的运营维护逐渐成为桥梁工程的主要方向。因此,必须要高度重视桥梁的运营维护,尽可能避免发生桥梁维修期间的各类风险和负面影响。

山地城市高架桥梁对地震工况下的安全运营要求更高。我国幅员辽阔,地理形态跨度大,许多山地城市属于地震多发区,地质活动频繁,地处地震烈度高的地区。特别是西部地区的山地城市地处高山、高原等复杂地理环境,也是地震多发地区。在这种环境下,高墩大跨非规则桥梁以其卓越的跨越能力而被广泛采用。此类高墩桥梁,桥墩高度高,质量大,抗震受力性能极为不利,而且由于其墩高较高,桥墩多采用空心截面,结构体系较柔,地震作用下高阶振型的影响较大,超出了现行规范的适用范围,有必要对其抗震性能进行深入研究。桥墩结构的损坏对桥梁来说是致命的,桥墩的损坏会使得整座桥梁坍塌,功能受损,且难以修复。例如,汶川地震期间,大量桥梁结构受损、倒塌,无法正常使用,阻塞了主要交通路线,造成了无法弥补的巨大损失。因此,研究山地城市高架桥梁的抗震性能势在必行。

从山地城市高架桥梁的特点分析可以看出,山地城市处于山地地貌复杂的环境中,桥梁建设难度极大。设计研究山地城市高架桥结构的高强度抗震性能,采用方便、省时、高效、安全的施工方法,研究复杂环境下的高性能、高适用性的新型桥墩结构,从而用于山地城市多发地震区的桥梁建设,将有助于解决上述问题。因此,开发研究高性能的山地城市高架桥结构并研究其抗震性能具有重要的现实意义。

第2章 山地城市高架桥梁的应用实践案例

随着山地城市发展进程的加快,为了高效构建多元化交通空间,高架桥梁在城市快速路、城市立交桥、轨道交通、综合交通枢纽等应用场景下得到了大量的工程实践。山地城市高架桥梁在提供安全、便捷、可靠的交通空间的同时,还具有拆迁占地少、工期短、可分期建设运行、维护费用低、投资效益比较高等诸多优点。本章选取了各个应用场景部分典型工程实践案例进行简要介绍。

2.1 高架桥梁在城市快速路中的应用——呼和浩特市三环路工程

呼和浩特市位于我国北部边境,是内蒙古自治区的首府,也是其政治、经济和文化中心,地处我国沿边开放和沿黄河经济开发轴带的交汇点上,地形地质条件比较复杂。呼和浩特市地貌特征主要包括中北部的大青山山地及其北麓丘陵地形、中部的土默川平原地形,以及东南部的黄土丘陵沟壑和蛮汉山山地地形。呼和浩特市是一座典型的北方傍山型山地城市。

2.1.1 项目情况

呼和浩特市三环路工程是呼和浩特城市空间拓展的重大基础设施。工程起于罗家营立交,逆时针绕城,北段利用国道110改造新线,在台阁牧处,路线向南上跨G6京藏高速,沿黄金大道向南,跨越京包铁路、小黑河、呼准铁路后,沿大黑河北岸向东,与科尔沁路交叉后,路线向南避让基本农田后沿现状堤岸路向东接至绕城高速,后沿绕城高速向北至国道110,而后利用国道110至起点,闭合形成环,全长共87.8 km(图2.1)。

图 2.1 呼和浩特市三环路工程

呼和浩特市三环路工程由主线双向六车道高架桥和地面双向六车道辅路组成,整体定位为城市环路,其中高架层的定位为城市快速路,设计速度为 80 km/h;地面层的定位为城市主干路及城市景观大道,设计速度为50 km/h(图 2.2 至图 2.5)。呼和浩特市三环路工程主要功能包括 3 个方面:

图 2.2 地面层快速公交通道效果图

①形成城市交通外环,疏解市内交通,为城市现状路网整改创造更好条件;

②通过三环路工程的建设,整合起新的城市发展用地,进一步完善城市形态,拉开城市主框架;

③对接建设中的和林格尔新区区域交通组织的需求,形成新旧城区连接的交通纽带。

为了更好地发挥三环路工程的功能,三环路工程主线快速路大量采用了高架桥梁结构,包括主线高架桥、平行匝道高架桥和立交匝道高架桥等,其中新建主线高架桥全长 31.5 km,平行匝道和立交匝道高架桥共计 23.5 km,高架桥梁占项目总工程量的

60%以上。同时,三环路道路环绕呼和浩特主城全域,地形条件复杂多变,地貌崎岖不平,成为山地城市中大规模应用高架桥梁的示范型工程。

图 2.3　小箱梁断面效果图

图 2.4　主线高架桥梁段效果图

图 2.5　钢箱梁跨域路口段效果图

2.1.2　高架桥梁设计情况

1）设计理念

本项目的高架桥梁工程分为主线高架桥、平行匝道桥及立交匝道桥 3 种类型。所有高架桥设计均遵循"安全可靠、适用耐久、经济合理、技术先进"的总体要求，并兼顾"利于环保、便于施工和养护"的原则来进行综合设计，力求达到"技术先进、经济合理"，并积极采用新结构、新工艺，反映新世纪高架桥梁建设水准，体现节约全寿命周期成本的理念。桥梁的功能性是本项目桥梁设计的根本指导思想，在满足功能的前提下，进一步提升桥梁的造型美观。

2）高架桥梁主要技术标准

①道路等级：高架层为城市快速路；

②设计车速：高架层设计速度为 80 km/h；

③荷载等级：汽车荷载，城-A 级；

④设计基准期及主体结构设计使用年限：100 年；

⑤抗震设计标准：根据《中国地震动参数区划图》（GB 18306—2015），反应谱特征周期：$T = 0.35$ s。地震基本烈度为 8 度，地震动峰值加速度：$a = 0.20g$。抗震措施等级为 9 度，抗震设防分类为乙类。

3）主线高架桥桥梁特点

主线高架桥分为高架桥梁标准段和上跨交叉路口的节点桥两种类型。

主线高架桥梁标准段规模较大，具有等宽、直线（或大半径曲线）的特点。采用预制装配式结构，一方面可以实现桥梁上、下部结构同步施工，节省工期，保证外观质量，提升项目的绿色建造水准，另一方面有利于控制投资规模、提升工程经济性，降低桥梁施工对周边现状道路和环境的影响。呼和浩特市三环路主线高架桥桥下净空高度为 8~10 m，采用 30 m 跨径布置可取得最优的桥下空透感，结构比例合理，与周围环境协调，且工程量最省，因此主线高架桥主要采用 30 m 主跨布置，局部路段通过设置 25 m 主跨桥梁，以适应桥面分叉、变宽的需要，实现标准化主梁设计。预制小箱梁结构简单，采用工厂化预制，安装完成后现浇横向接缝，形成整体结构；同时，经济指标较低，结构刚度较大，抗扭性能较好，铺装较薄，对变宽段适应性强；对地面交通影响较小，线形美观、协调；便于机械化施工，施工速度快，上、下部平行作业，能有效控制工期，确保工程优质快速有序地进行。

由于呼和浩特市处于严寒地区，昼夜及季节性温差都较大，如果采用结构简支、桥面连续的形式，结构缝较多，后期由于温差造成的铺装开裂现象将会非常明显，影响桥梁的行车舒适性及观感。因此，呼和浩特市三环路高架桥采用先简支后结构连续预制小箱梁,尽量减少结构缝,从而避免结构缝处的铺装由于温差效应开裂。先简支后结构连续箱梁由于存在较大的负弯矩,往往在腹板变厚段的下缘压应力过大,在负弯矩钢束张拉位置的顶板上缘拉应力较大。针对连续梁的这一受力特点,将跨中外的钢束尽量上抬,以改善截面上、下缘的受力。

主线节点桥梁均上跨交叉路口,为保证交叉路口桥下行车安全,节点跨线桥跨径相对较大,一般在 50~60 m,采用钢箱-混凝土组合梁桥型。钢-混凝土组合梁截面中混凝土主要受压,钢梁受拉,充分发挥材料特性,承载力高。其强度高、刚度大、延性好,抗冲击、抗疲劳和抗震性能好,跨越能力强,有利于减小跨度内主梁的高度,结构自重轻,外形美观,并能较好适应道路平面线形,相对于钢梁节省钢材,降低造价,整体稳定性好。节点桥梁采用钢-混凝土组合梁,钢主梁与桥面板均采用预制的方式施工,预制完成后采用汽车运输的方式抵达桥位,采用汽车吊或者龙门吊安放,最大起重量可控制在 35 t 以内。钢-混凝土组合梁通过抗剪连接件将钢梁与混凝土翼板组合在一起共同工作,可以充分发挥混凝土抗压强度高和钢材抗拉性能好的优势。钢-混凝土组合梁中的混凝土板可以对钢梁受压翼缘起到侧向约束作用,因而相对于纯钢梁具有更好的整体稳定性而不易发生侧扭失稳。

主线预制小箱梁下设置铅芯橡胶抗震支座。主线节点桥及立交匝道桥均采用双曲面球形抗震支座。

高架桥梁标准段和上跨交叉路口的节点桥下部结构采用带伸臂的门形框架墩+承台+群桩基础,标准段采用双柱式,桥面变宽段局部采用三柱或四柱式桥墩。桥墩盖梁采用预应力钢筋混凝土结构,墩柱采用矩形截面倒圆角,承台和桩基础采用钢筋混凝土结构,单个承台下设置 4 根钻孔灌注柱基础。现浇混凝土桥墩具有技术成熟、可靠性高、抗震性能优良、施工难度低、投资省的优点,推荐采用。

4)平行匝道桥梁结构特点

平行匝道桥梁桥跨布置采用 30 m 预应力混凝土小箱梁,4 跨一联,先简支后结构连续设计。桥梁上部结构采用预制钢筋混凝土小箱梁结构,主梁由 3 片预制小箱梁组成,桥墩采用钢筋混凝土,墩柱采用花瓶墩形式。

承台采用钢筋混凝土。基础采用钢筋混凝土,群桩基础形式,单个承台下设置 2 根桩基础,基础按照摩擦桩进行设计。现浇混凝土桥墩具有技术成熟、可靠性高、抗震性能优良、施工难度低、投资省的优点,推荐采用。

主线预制小箱梁下设置铅芯橡胶抗震支座。

预制小箱梁结构简单,采用工厂化预制,安装完成后现浇端横梁和横向接缝,形成整体桥,先简支后结构连续。经济指标较低,结构刚度较大,抗扭性能较好,铺装较薄,跨径较大,梁高适中,对变宽段适应性强;对地面交通影响较小,线形美观、协调;便于机械化施工,施工速度快,上、下部平行作业能有效控制工期,确保工程优质快速有序地进行。

5)立交匝道桥梁结构特点

立交匝道桥梁由于宽度变化范围大且大部分位于道路平曲线段,预制吊装施工较难适应上述条件,同时,本项目立交布置较为复杂,匝道穿越多条主线及现状道路,预制小箱梁采用不同跨度时,造价将大幅上升,因此本项目立交范围内匝道桥采用现浇预应力混凝土连续箱梁。现浇预应力混凝土连续箱梁体系为超静定结构,刚度大、行车舒适、养护容易。与简支体系相比较,受力合理,跨越能力更强,可以减小跨度内主梁的高度,降低结构自重,外形美观,并能较好适应道路平面曲线及宽度变化的要求。

道路曲线半径>60 m 的立交匝道桥桥跨布置采用 4×30 m 预应力混凝土连续箱梁,半径≤60 m 的立交匝道桥桥跨布置采用 4×20 m 普通钢筋混凝土连续箱梁。

上部结构采用预应力混凝土连续箱梁和普通钢筋混凝土连续箱梁,主梁采用斜腹式单箱单室箱梁。

桥墩采用普通钢筋混凝土结构。现浇混凝土桥墩具有技术成熟、可靠性高、抗震性能优良、施工难度低、投资省的优点,推荐采用。

承台及基础采用钢筋混凝土结构,群桩基础形式,单个承台下设置 2 根桩基础,基础按照摩擦桩进行设计。立交匝道桥梁均采用双曲面球形支座。

2.1.3 高架桥梁的施工情况

呼和浩特市三环路工程于 2018 年 5 月正式开工建设,并计划于 2022 年 10 月全面建成通车,其全线贯通将为将呼和浩特市内外城区交通网的全面形成奠定基础。

高架桥梁建设中,标准跨度高架桥上部结构箱梁采用预制吊装施工,吊装完成后施工后浇筑湿接缝。预制吊装小箱梁采用工厂化施工,构件的形式和尺寸可向标准化发展,有利于大规模工业化生产。该工艺能节省大量的支架和模板材料,模板可多次周转使用;梁体采用吊机或架桥机安放,无须支架施工,对桥下环境影响较小;预制安装速度快,工期能得到有效保证(图 2.6、图 2.7)。

图 2.6　预制小箱梁预制、架设

图 2.7 首片梁架设

高架桥梁建设中,立交匝道桥梁为现浇预应力混凝土连续箱梁,采用搭架现浇施工,施工简便、平稳、可靠,不需要大型起重设备。该工艺建造的桥梁构造简单,整体性好,施工中无体系转换,方便施工。

高架桥梁建设中,节点跨线桥梁采用钢-混凝土组合梁,其中钢梁在工厂制造,在现场拼装,混凝土板施工时,钢梁可以承担悬挂模板、混凝土板及施工荷载。该工艺无须设置支撑,可加快施工速度,对现状交通影响较小。

高架桥梁建设中所有下部结构桩基础均采用机械成孔灌注,桥墩墩身均采用搭架现浇施工,施工工艺成熟可靠(图 2.8)。

图 2.8 下部结构施工

2.2 高架桥梁在城市复杂立交中的应用——重庆黄桷湾立交桥

2.2.1 项目情况

重庆黄桷湾立交桥位于 3 条快速路(三横线、内环快速及机场专用高速)、一条市政道路相交的交通枢纽上,是连接朝天门大桥、慈母山隧道、内环高速、机场专用高速路的重要节点。工程场地东西向长约 1 km,南北向长约 1.2 km,地形相对高差达 79 m;工程主要内容含 15 条匝道、全桥长 5.4 km,主要由预应力混凝土连续箱梁、钢箱梁、5 个高切坡和 17 处挡墙等组成。该工程总投资为 126 179.49 万元,包括工程费用 57 994.08 万元,其他费用 62 883.71 万元,预备费用 5 301.67 万元;其中,征地拆迁为 54 717 万元。

1)技术标准

(1)道路等级

峡江路:城市快速路;内环高速公路:城市快速路;机场高速公路:高速公路。

(2)设计时速

峡江路:60 km/h;内环高速公路:80 km/h;机场高速公路:80 km/h;立交匝道:35 km/h。

(3)标准桥面宽度

主线桥:0.5 m(防撞栏)+8.5 m(车行道)+0.5 m(防撞栏)+1.0 m(中央分隔带)+0.5 m(防撞栏)+8.5 m(车行道)+0.5 m(防撞栏)=20 m。

单车道匝道:0.5 m(防撞栏)+6.0 m(车行道)+0.5 m(防撞栏)=7.0 m。

双车道匝道:0.5 m(防撞栏)+8.0 m(车行道)+0.5 m(防撞栏)=9.0 m。

(4)平曲线最小半径

主线≥1 044.750 m;匝道≥42.5 m。

(5)最大纵坡

主线:2.5%;匝道:5.8%(局部)。

(6)最小停车视距

主线:70 m;匝道:35 m。

(7)最小竖曲线半径

主线:R=4 000 m;匝道:R=700 m。

（8）设计荷载

车辆荷载:公路Ⅰ级。

（9）桥隧净空高度

桥隧净空高度:4.5 m(匝道)、5.0 m(机场高速Ⅰ、E匝道)、5.5 m(内环高速公路)。

（10）设计年限

桥梁设计基准期为100年。

（11）抗震设防烈度

抗震设防烈度为6度,构造7度设防。

2)设计主要特点

重庆黄桷湾立交桥是国、内外少见的由3条快速路(三横线、机场专用高速、内环高速)相交形成的枢纽型立交;并保留了内环高速与弹广路的连接系统,8个主线交通流向,20个转向交通流向,交通功能强大。本立交主线有8个交通流方向;新建及改建匝道达到20条。

重庆黄桷湾立交桥由于交通功能特别强大,设计总体思路是先要满足各方向的交通连接与转向功能。立交布设需要满足狭窄的带状地形条件,同时尽量降低工程造价,立交建设以满足主要交通流为主,对交通流量特别小的次要交通流予以精简,降低立交复杂程度。

交通功能决定了立交的复杂性,整个立交层数多、匝道数量多。设计采用了BIM技术对行车净空进行复核。交通识别性是设计的重点考虑内容。快速路主线转向交通采用单一出口,避免多出口导致的识别困难;每个分流点只有两个方向选择,均采用"一分二"的模式,易于识别。

3)主要设计及效果图

重庆黄桷湾立交桥主要设计及效果图如图2.9至图2.12所示。

2.2.2　高架桥梁设计概况

1)设计理念

在满足交通功能的前提下,桥梁设计遵循"经济、实用、美观"的原则。

内环高速交通量很大,是市区非常重要的交通干线,对于与其相关的工法和桥梁结构的选择需要尽量考虑减少施工期间对内环高速通行的影响。

重庆黄桷湾立交桥梁设计原则:在施工期间一般不占车道、不占净空、不限高,施工期间应尽量减少对内环高速正常通行的影响,减少社会影响,实现和谐建设。

2)桥梁结构特点

（1）采用了多种特殊工艺,保障施工期间既有交通正常通行

重庆黄桷湾立交桥跨越内环高速,由于立交规模大、匝道多、跨越次数多,有的匝

图 2.9　重庆黄桷湾立交桥交通流向图

图 2.10　重庆黄桷湾立交桥鸟瞰图

道跨越内环高速路基,有的匝道跨越内环高速桥梁。

（a）钢-混组合梁

（b）钢管混凝土格构柱

（c）钢梁吊装

图 2.11　重庆黄桷湾立交桥局部结构实景图

为此,重庆黄桷湾立交桥施工采用了多种施工工艺:

①主线桥由于墩高,净空大,平面线型较顺直,采用少支架施工;

②B 匝道和 N 匝道墩高,净空大,平曲线半径小,采用大跨门架现浇施工;

③F 匝道桥由于跨越内环高速桥梁,施工期净空小,不宜采用门架现浇施工,宜采用顶推钢箱梁施工;

④M 匝道跨越内环高速路基,采用吊装钢箱梁施工;

⑤机场快速通道跨越内环高速,采用钢盖梁门架和吊装施工。

（2）桥梁结构采用钢管混凝土格构柱、钢-混叠合梁等特殊结构适应现场复杂条件

桥梁钢管采用了钢管混凝土格构柱。

重庆黄桷湾立交主线桥采用双跨跨越内环高速公路既有桥梁,在内环高速中分带设立桥墩存在以下几个方面的制约因素:

①主线桥跨径较大,长达 50 m;

②桥墩高,高达 36 m;

③斜交角度大,主线桥与内环高速公路桥斜交角度约 47°;

（a）场地原貌

（b）立交全貌

（c）立交局部

图 2.12　重庆黄桷湾立交全景图

④内环高速中分带空间小,净空间仅有 1.2 m。

由于以上制约因素的存在,采用常规的桥墩结构形式已不能满足结构受力、外形、美观、心理安全等综合要求。

如果采用圆截面混凝土桥墩,则由于桥墩截面尺寸太小,桥墩承载能力、裂缝宽度、结构稳定等受力要求均不能满足。如果采用矩形薄壁墩,桥墩横桥向截面尺寸可以加大,但是主线桥与内环高速斜交角度达 47°,桥墩弯扭耦合突出,桥墩截面受力严重不均匀,加上墩高、跨度大等综合因素的存在,使得矩形截面受力不能满足要求。

采用圆截面的钢管内填混凝土的组合结构则可有效解决这些问题。既可提高结构刚度和承载能力,也可适应各方向的受力要求。由于主线桥桥墩较高,桥墩长细比大,采用单肢钢管混凝土柱不能满足结构稳定要求。因此,采用双肢钢管混凝土填心组成的格构柱,双肢之间通过连接板进行连接。重庆黄桷湾立交桥中采用钢管混凝土格构柱具有以下优点:

①有效适应斜交桥桥墩受力方向变化问题,与钢筋混凝土结构相比,大大提高了结构承载力、延性、稳定性等综合力学指标。

②制作拼装简单,用钢量比钢结构少,造价较钢结构低。

③大大减小了结构尺寸,提供了有限空间下解决问题的方法。

④后期养护仅需要涂装钢管外表面,较钢结构简单,易维护,维护费用比钢结构低。

通过以上综合分析可知,主线桥桥墩采用钢管混凝土格构柱是本工程最适宜的方案。重庆黄桷湾立交桥采用钢管混凝土格构柱用于高墩大跨斜弯桥中的实践为在复杂条件限制下新建跨既有道路桥梁提供了一种新的解决方法,也为今后新建项目提供了重要参考。

(3)采用钢-混叠合梁

重庆黄桷湾立交桥因 F、M 匝道桥跨越内环高速公路,由于净空限制,若采用支架现浇则要求对桥下行车高度进行限制,而内环高速对行车要求高,影响大,协调困难,因此,不宜采用支架现浇工艺。F、M 匝道桥位于平曲线上,其中,M 匝道半径仅 50 m。综上因素考虑,采用常规结构难以满足施工、交通等综合要求。

重庆黄桷湾立交桥若采用普通钢箱梁结构,则难以避免钢箱梁结构常见的系列问题:

①钢桥面沥青铺装易产生滑移、铺装破坏、腐蚀钢箱梁等;

②由于动载作用,易产生钢结构疲劳问题,特别是 U 肋开裂等;

③桥面附属设施构造与混凝土梁不统一,需独立设计和施工。

重庆黄桷湾立交桥若采用普通钢-混叠合箱梁结构,钢-混组合受力,易出现常见的系列问题:

①钢-混受力分配复杂,结合面常出现问题;

②温度梯度内力影响比较大。

重庆黄桷湾立交桥采用了以钢箱梁为主要受力构件,采用混凝土桥面板的组合结构,在很大程度上消除了上述结构产生的系列问题。

主要构造:钢箱梁+混凝土桥面板+沥青铺装,钢箱梁和钢筋混凝土桥面板之间采用剪力钉增强连接,桥面板内铺设钢筋网。

3)受力特点

主线桥桥墩高度较高,全桥一联 30 m+35 m+40 m+35 m+40 m+50 m+40 m+35 m+33 m+40 m+40 m+35 m=453 m。采用大量固接墩形式技能保证结构的整体刚度,共同抵抗水平力,避免个别高墩尺寸大,影响整体景观。因为采用估计体系,在设计时要关注温度、收缩、预应力等引起的变形对上部箱梁和墩柱的影响。

4)主要设计

重庆黄桷湾立交桥主要设计如图 2.13 至图 2.19 所示。

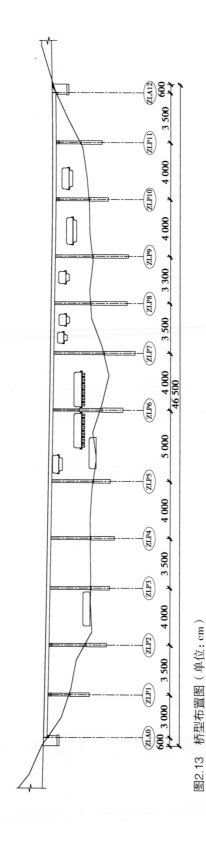

图2.13　桥型布置图（单位：cm）

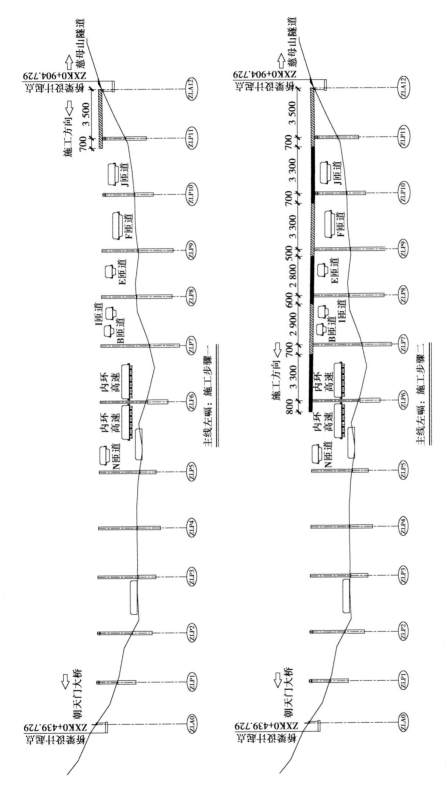

图2.14　施工流程图（单位：cm）

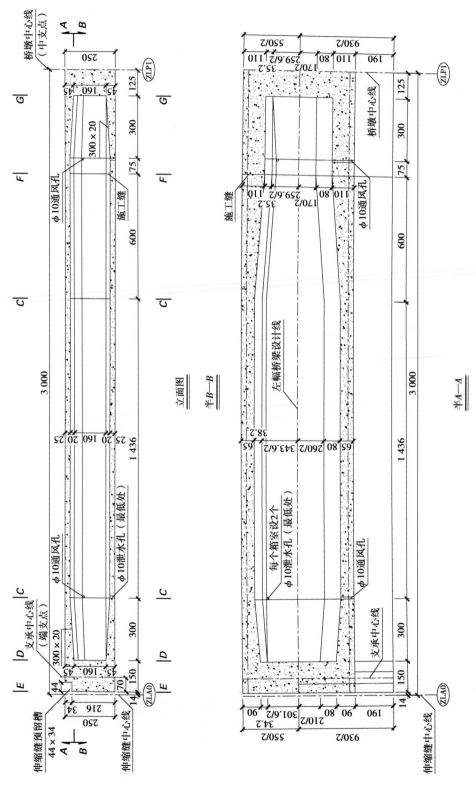

图2.15　30 m跨径箱梁一般构造图（单位：cm）

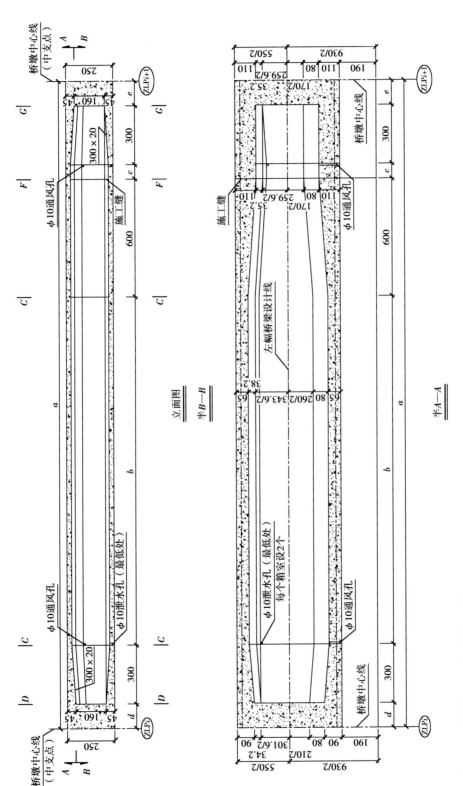

图2.16　箱梁通用一般构造图（单位：cm）

25

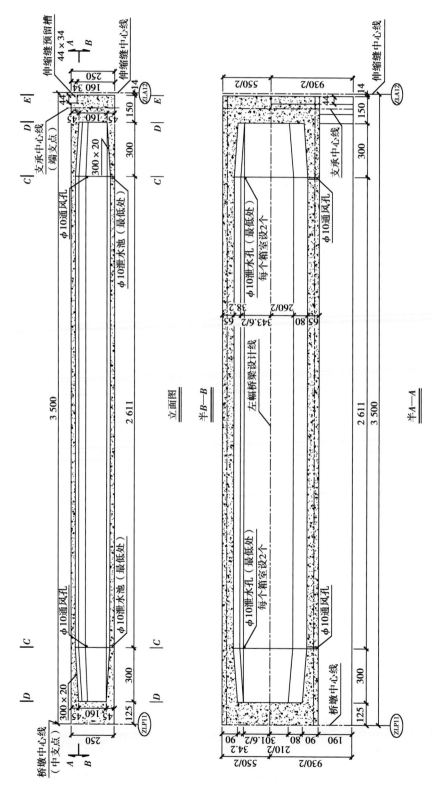

图2.17　35 m跨径箱梁一般构造图（单位：cm）

山地城市高架桥梁地震灾害与控制方法

26

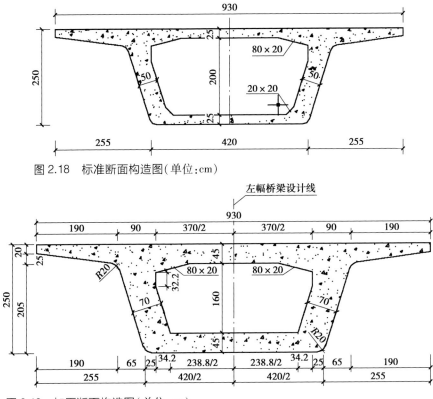

图 2.18　标准断面构造图(单位:cm)

图 2.19　加厚断面构造图(单位:cm)

2.3　高架桥梁在综合交通枢纽中的应用——温州北站交通枢纽站南大道

2.3.1　项目情况

温州北站交通枢纽站南大道工程(简称"站南大道")起点位于黄田大道(41 省道),向东延伸,经温州北站,止于环江路,终点接诸永高速公路延伸线。项目设计采用"地面辅道+主线地下通道+主线高架"等形式,道路全长约 1.52 km。

站南大道桥梁工程含主线高架桥梁、进出场专用通道桥及 4 座匝道桥。主线高架桥呈东西走向,跨越环江路,东接诸永高速连接线;桥梁分两幅布设,左幅全长179.928 m,右幅全长 179.192 m,左幅桥梁跨径布置为(1×30)m+(2×32+31.388)m+(1×52)m,右幅桥梁跨径布置为(1×30)m+(2×32+30.652)m+(1×52)m,采用现浇预应力混凝土连续梁、钢混组合梁。进出场专用匝道桥先后跨越站南大道辅道、金水路、规划地下通道、规划地铁 M1 线、金田路、站南大道辅道,全长 1 449.325 m,跨径布置为

（2×30）m+（4×30）m+（3×33）m+（30+2×40+30）m+（2×25+36）m+（30+41.5+39.097）m+（35.516+35.7+2×32.7）m+（31.5+3×44+32.7）m+（32.7+26+25.793）m+18.879 m+（3×21+22）m+（4×32.7）m+（26.2+33+30）m+（3×30）m，上部结构共分十四联，采用现浇预应力混凝土连续梁、现浇钢筋混凝土连续梁、钢箱梁。配套匝道2条，其中，1#匝道道路全长约0.348 km，4#匝道道路全长约0.187 km；站南大道平行匝道2条，2#匝道道路全长约0.098 km，3#匝道道路全长约0.178 km。

1）技术标准

①道路等级。站南大道：城市主干路；进出场专用匝道、1#~4#匝道：匝道。

②设计速度。站南大道主线：60 km/h；站南大道辅道：40 km/h；进出场专用匝道：35 km/h；1#匝道、2#匝道、3#匝道、4#匝道：30 km/h。

③设计荷载。高架桥及匝道桥：城-A级，人群荷载及非机动车道荷载按《城市桥梁设计规范》（CJJ 11—2011）第10.0.5条规定取值。

④桥梁结构设计基准期：100年。

⑤桥梁设计使用年限。站南大道主线桥、进出场专用匝道桥、1#匝道、4#匝道、5#匝道：100年；2#匝道、3#匝道：50年。

⑥桥梁设计安全等级：一级。

⑦桥梁结构混凝土耐久性要求：环境类别Ⅰ。

⑧防撞护栏设计标准：高架桥边护栏SS级。

⑨抗震设计：抗震设防烈度设计为7度，水平向设计基本地震动加速度峰值0.1g，桥梁抗震设防类别为丙类，桥梁抗震设计方法为C类。

⑩台后填土高度：按≤2.5 m控制。

⑪桥下道路通车净空：≥5 m。

⑫设计洪水频率：P=1/100。

⑬桥面防水等级：桥面防水等级为Ⅰ级，防水层使用年限大于或等于15年。

2）设计主要特点

①桥梁的结构形式应充分考虑工程的可行性、可靠性和社会经济效益等因素，因地制宜，结合本工程范围内的地形地物、河道、航道等情况，合理布置，在保证交通功能的前提下，做到技术合理、工艺先进。在此总体要求的基础上，注重桥梁景观及与周边环境相协调。

②在贯彻工程性能良好、经济、安全、合理、满足道路交通功能总体要求的基础上，进一步优化桥梁结构建筑的美观性，优化桥梁与城市发展的协调性。

③桥梁跨相交道路，跨径布置应结合桥梁功能和环境景观要求，尽量降低对地面交通的通行影响，满足道路通行净空要求，并应适当加大净空，以降低桥梁墩柱结构造成的行车和行人过交叉口处的视线干扰，提高行车和行人的通行安全。

④高架桥结构设计在充分考虑结构安全的基础上，注重结构的耐久性和行车舒适

28

性,尽量选择刚度大的混凝土结构形式。

⑤桥梁设计须处理好桥面铺装、伸缩缝、支座及排水系统等附属设施的设计和产品的应用,以提高其耐久性和抗震能力,满足运营阶段行车的平顺、舒适、快速、安全的要求,降低桥面运营、养护费用。

⑥树立全寿命周期成本的设计理念,桥梁方案的选择不仅注重节约工程造价,而且应尽量减少后期养护费用,提高桥梁结构的综合服务能力。

⑦充分注意桥梁结构与现状以及规划建筑物、管线的协调,将施工期间对交通、环境的影响降到最小,体现以人为本的设计理念,尽量减少管线的搬迁量以及对现有建筑的影响,节约成本。

⑧桥梁形式的选择应充分考虑施工工艺,选择工艺成熟、经济合理、技术可靠的施工方法。结构设计满足同步施工的要求,力求缩短施工工期,降低对周边环境的影响,从而降低造价。

3)主要设计及效果图

站南大道主要设计及效果如图 2.20 至图 2.27 所示。

图 2.20　项目总平图

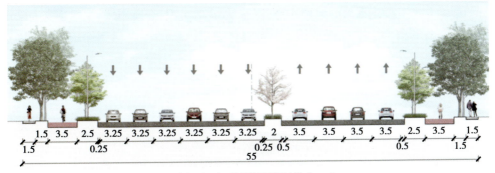

图 2.21　站南大道(黄田大道—金钥路)标准横断面图(单位:m)

29

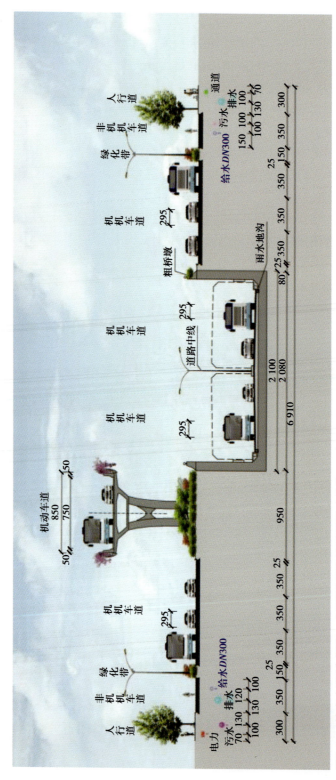

图2.22 站南大道（金钥路—金田路）标准横断面图（单位：cm）

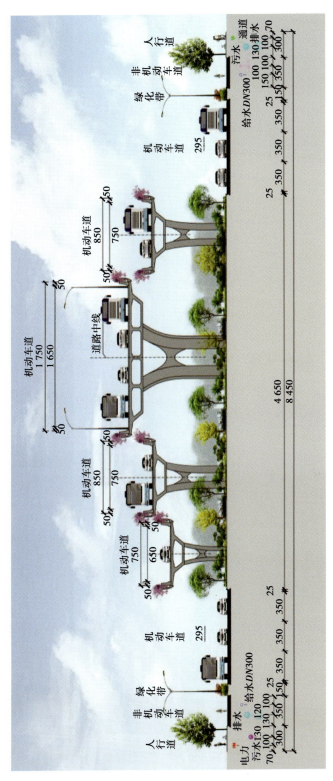

图2.23　站南大道(雅林路—环江路)标准横断面图（单位：cm）

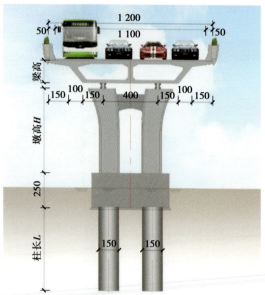

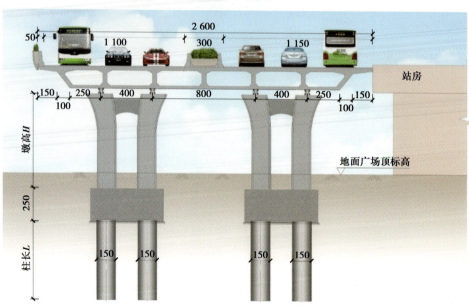

图 2.24　典型桥梁横断面图(单位:cm)

2.3.2　高架桥梁设计情况

1)设计理念

本次总体设计思路紧扣生态宜居、高效和谐,人脉与品质、创新与活力的主题,本着实用、安全、经济、美观的原则,合理选材,优化设计方案,对工程造价进行合理控制。

综合考虑设计、施工的成熟工艺和经验,基于河网水系的自然格局,并依托城市干路系统的构架,打造以高铁新城为核心的开放空间系统布局,同时积极配置与之互动关联的公共设施,引导建立区域中心空间和核心场所,以宜居的生活环境、健康的生态基质和方便舒适的交通出行,提升城市综合品质。

图 2.25　高架桥鸟瞰图

图 2.26　匝道桥透视图

图 2.27 项目起点透视图

2)桥梁结构特点

①本项目高架桥梁典型上部结构采用斜腹板现浇箱梁,底板面积小、自重轻、对跨中截面有利,结构受力合理;对应桥墩盖梁宽度较小,节省下部结构造价;结构高度层次变化,视觉效果好。

②下部结构采用花瓶形的双柱式墩柱,降低墩柱所占地面辅道的空间,有利于地面辅道的设置,合理利用桥下空间。在确保结构受力合理的同时,兼具曲线的协调柔美,与上部箱梁结构协调,景观效果较好。

③对于交叉口处小半径曲线梁采用钢箱梁,上下部可同时施工,节省工期;梁高较低,满足净空要求;自重较轻,有利于节约下部结构造价。

④局部交叉口为保证匝道平面线型流畅,条件允许均采用偏心墩设计,避免采用门架墩设计,大大优化了下部结构造价,减少工期,并增加景观效果。

⑤项目起点跨环江路段,为保证施工期间地面道路畅通,采用钢混组合梁设计,从而避免了落地支架的使用。

3)受力特点

站南大道桥梁上部结构主要采用现浇预应力混凝土箱梁,平交口处采用钢混组合梁、钢箱梁;下部结构主要采用花瓶墩、柱式墩,承台桩基础;上、下部结构均较简单,受力明确。

4)主要设计简图

站南大道主要设计简图如图 2.28 至图 2.35 所示(图中除高程单位为 m 外,其余单位为 cm)。

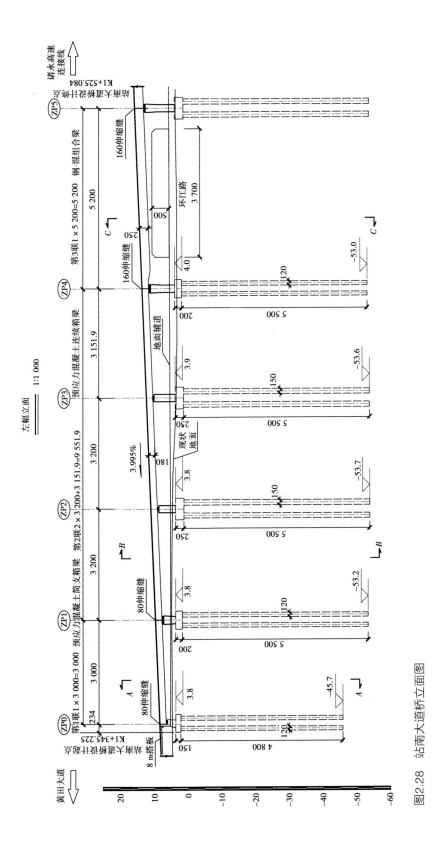

图2.28　站南大道桥立面图

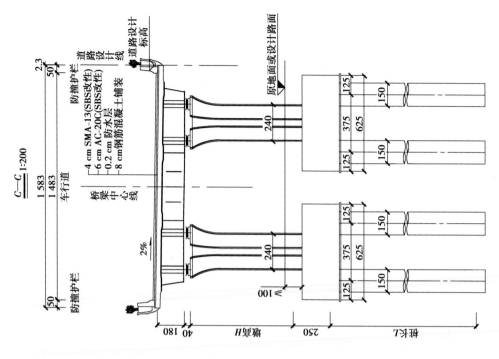

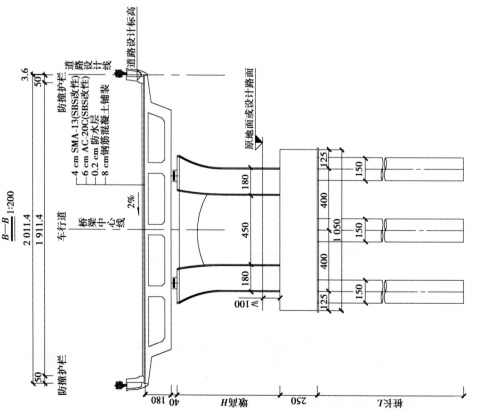

图2.29 站南大道桥断面图

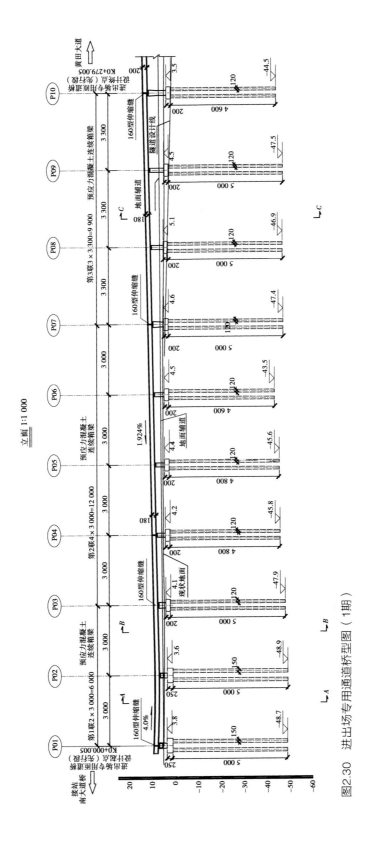

图2.30　进出场专用通道桥型图（1期）

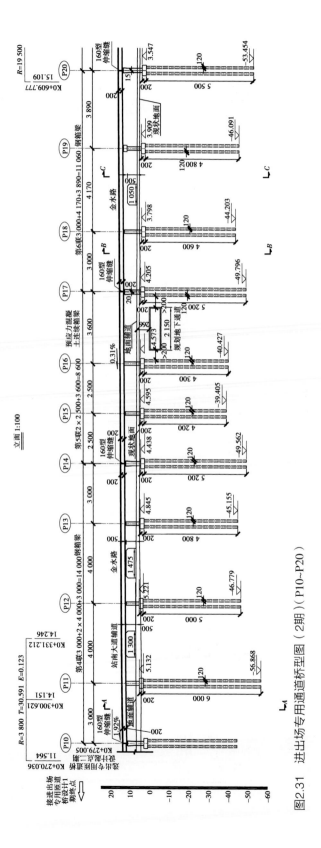

图2.31 进出场专用通道桥型图（2期）（P10~P20）

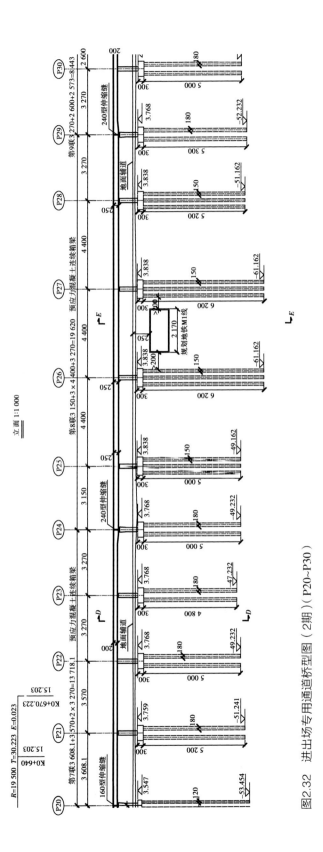

图2.32　进出场专用通道桥型图（2期）（P20~P30）

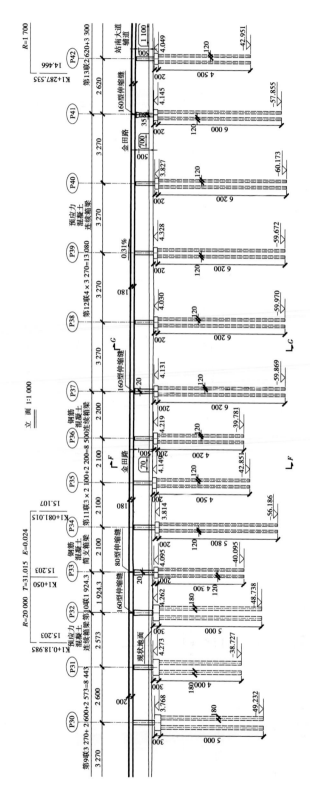

图2.33 进出场专用通道桥型图（2期）（P30~P42）

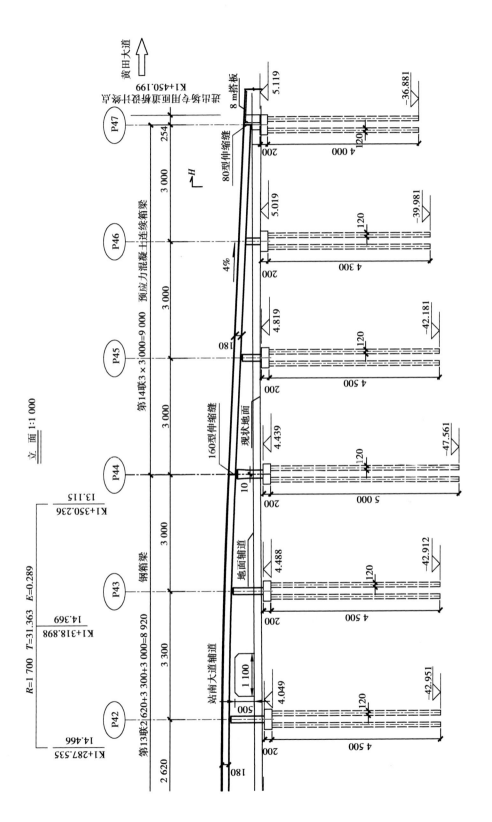

图2.34　进出场专用通道桥型图（2期）（P42～P47）

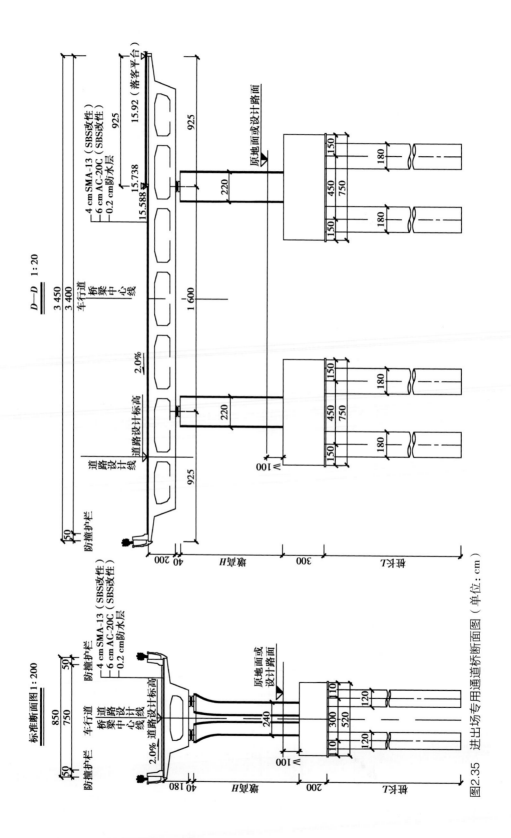

图 2.35 进出场专用通道桥断面图（单位：cm）

2.4　高架桥梁在城市轨道交通中的应用——重庆轨道交通 18 号线

2.4.1　项目情况

重庆轨道交通 18 号线工程为线网中的一条南北向轨道交通干线。工程起点为富华路站,途经渝中区、九龙坡区、巴南区和大渡口区,串联大杨石、李家沱和大渡口组团,止于跳磴南站。线路主要沿虎歇路、奥韵路、石坪桥正街、杨九路、黄桷坪正街、内环高速、白居寺长江大桥、在建中坝路和华福大道敷设。

线路全长约 29.016 km,设跨江大桥 2 座。其中,地下线长约 18.712 km、高架线长约 9.544 km,地面线长约 0.760 km。全线共设车站 19 座(地下站 12 座,高架站 7 座),其中,换乘站 8 座,平均站间距为 1.568 km。最小站间距为 0.864 km,位于四川美术学院站至重庆发电厂站区间,最大站间距为 2.290 km,位于金鳌山站至跳磴站区间。本工程设金鳌寺车辆段和富华路停车场各 1 座,新建电厂主变 1 座,利用既有 2 号线白居寺主变 1 座。

1)技术标准

①使用年限:桥梁主体结构使用年限为 100 年,钢结构防腐体系使用年限为 20 年。

②建筑限界:直线地段应满足最小线间距要求,曲线地段及岔线段按规定予以加宽,同时考虑桥上应为其他专业的管线、设备的设置预留位置。

③桥下净空:跨越公路,最小净空高度 5.50 m;跨越城市道路机动车道,最小净空高度 4.8 m。

④线路及间距:正线标准线间距 5.2 m,曲线断线间距根据线路半径调整;出入线线间距 5.0 m。

⑤车型:车辆形成采用国标 As 型车,列车编组为 6 辆(远期 7 辆)。车辆最大轴重 150 kN,最小轴重 80 kN。

⑥轨道:全线设计标准按一次铺设无缝线路,区间高架供电采用架空接触网的

方式。

⑦最大设计时速:100 km/h。

⑧桥梁抗震设防烈度:按《地铁设计规范》(GB 50157—2013),本线高架桥抗震设防类别为 B 类。抗震设防措施等级为 7 级。

⑨跨越河流、航道要求:净空满足排洪、通航净空要求。桥梁设计洪水频率标准为 1/100,技术复杂,修复困难的大桥、特大桥应按 1/300 洪水频率标准进行检算。

⑩后期徐变拱度:预应力混凝土梁的后期徐变上拱和挠度,应严格控制。线路铺设完成后,跨度小于或等于 50 m 时,竖向残余徐变变形不超过 10 mm;当跨度大于 50 m 时,竖向徐变残余变形不超过 $L/5\ 000$ 且不超过 20 mm。按照《铁路桥涵设计规范》(TB 10002—2017)第 5.2.2(3)条相关规定执行。

⑪刚度要求:铺设无缝线路及无砟轨道桥梁的桥墩纵向水平刚度限制按下列规定采用。

桥上铺设无缝线路且无钢轨伸缩调节器的双线及多线简支梁桥,当不作计算时,其桥墩的墩顶纵向最小水平线刚度限值,可按表 2.1 的规定取值。单线桥梁桥墩纵向水平线刚度取用表中值的 0.6。

表 2.1　桥墩墩顶纵向水平线刚度限值

跨度 L/m	最小水平线刚度/$(kN \cdot cm^{-1})$
$L \leqslant 20$	190
$20 < L \leqslant 30$	240
$30 < L \leqslant 40$	320

高架结构桥墩墩顶弹性水平位移应满足:

顺桥向:$\Delta \leqslant 5\sqrt{L}$

横桥向:$\Delta \leqslant 4\sqrt{L}$

⑫竖向挠度要求:钢筋混凝土及预应力混凝土梁式桥跨结构在列车静活载作用下,其竖向挠度满足下列规定:当跨度 $L \leqslant 30$ m,挠度值 $f \leqslant L/2\ 000$;当跨度 $30 < L \leqslant 60$,挠度值 $f \leqslant L/1\ 500$。

⑬横向挠度要求在列车横向摇摆力、离心力、风力和温度力的作用下,桥跨结构梁体的横向水平挠度不宜大于计算跨度的 $1/4\ 000$。当不能满足时,应根据风-车-桥系

统耦合振动分析的结果确定。

⑭高架结构墩台基础沉降:应按恒载计算,结构强迫位移按 5 mm 考虑。

2)设计主要特点

重庆轨道交通 18 号线区间高架段总长 8 544.115 m(不含白居寺长江大桥及李家沱复线桥)。长江二桥站—外河坪北站区间,简家槽站—茄子溪站区间,白居寺站—伏牛溪站区间高架段与地下段或者路基段交错布置,且体量较小(3 个区间桥梁总长 760.834 m),设计根据地形及边界条件采用变截面悬浇(跨越花溪河节点桥),连续梁或简支梁等现浇工艺,该部分高架段下部结构采用花瓶墩形式及群桩基础。

伏牛溪站至终点(3 个区间+1 个折返线+出入线段)全部为高架段,结构形式为混凝土连续刚构方案标段采用预制节段拼装方式施工。端头块节段长度 1.5 m,渐变节段块节段长度为 2.6 m,标准节段块节段长度为 2.6 m。一跨中含 2 个端头块、2 个渐变节段块及 10 个标准节段块,节段采用密齿型剪力件,环氧树脂接缝。节段预制拼装下部结构桥墩采用双肢薄臂墩,基础采用承台加群桩基础。

3)主要设计及效果图

重庆轨道 18 号线主要设计及效果图如图 2.36、图 2.37 所示。

图 2.36　重庆轨道 18 号线区间高架桥效果图

图 2.37　重庆轨道 18 号线区间高架桥截面效果图

2.4.2　高架桥梁设计情况

1）设计理念

高架结构总体设计必须同时满足两大功能性要求,即高架结构的实用功能性和高架结构的景观功能性,同时还要注重高架结构的"绿色生态"特征。实用功能性是指高架结构的可实施性、高架结构的安全性、高架结构的交通功能性(特别强调乘客的行车舒适性指标)、高架结构的耐久性、高架结构的低维护性、高架结构的造价合理性;景观功能性是指高架结构自身的建筑美之功能,以及其与周边城市环境的相互和谐与提升之美,"绿色生态"特征是指高架结构在施工及运营过程中采用先进工艺,力求达到少噪声、少扬尘、少影响交通,快速施工、标准化施工等。

2）桥梁结构特点

伏牛溪站以北由于高架段不连续,因此无法发挥预制工艺的规模优势,使用预制工艺成本较高,可采用常规的现浇工艺。

伏牛溪站以南基本全为高架段,能充分发挥预制工艺的规模优势,其结构采用无支座全固接体系,箱梁采用节段预制拼装形式。该体系具有以下特点:

①全固接连续刚构结构可降低结构自重,提高结构效率,行车舒适性好;

②采用双肢薄臂墩的全固结体系能充分利用各个墩柱的刚度,以体系刚度代替一般连续梁只靠固定墩提供的全联刚度,能降低墩柱截面,减少混凝土用量。

③无支座体系后期使用基本不用维护,可降低后期管养成本。

采用短线法预制箱梁节段(每节段长为 2.6 m),以响应国家提出的绿色建筑,工业化建造的号召。由于节段短,质量小对运输车辆和道路无特殊要求,因此,预制场地的选址灵活;同时梁场内起吊,转运等机械均为一般吨位机械;梁场地基处理简单,一般压实硬化即可,大大降低了梁场的建设费用与建设周期。

3)受力特点

这种结构体系采用无支座体系,在下部结构设计过程中墩柱既要满足轨道桥梁对刚度及变形的需求,又要避免结构因刚度过大导致温度、收缩、徐变、预应力等效应在桥墩上产生过大的内力,整个下部设计需要在刚度及强度之间取得平衡。

在上部节段预制箱梁施工工程中,各跨需要先在架桥机形成简支状态、落梁至临时支架、架桥机行走、该联各跨均放置在临时支架后再浇筑湿接缝、张拉合龙钢束、最后浇筑边墩墩梁固接混凝土成桥,施工工程中体系转换多。

同时在上、下部设计过程中要结合架桥机的行走、站位对箱梁及墩柱局部进行加强设计。

施工步骤如图 2.38 所示。

4)主要设计简图

①箱梁设计简图如图 2.39 至图 2.42 所示。

②桥梁墩、台设计简图如图 2.43 至图 2.45 所示。

施工阶段	施工简图	说　明
一	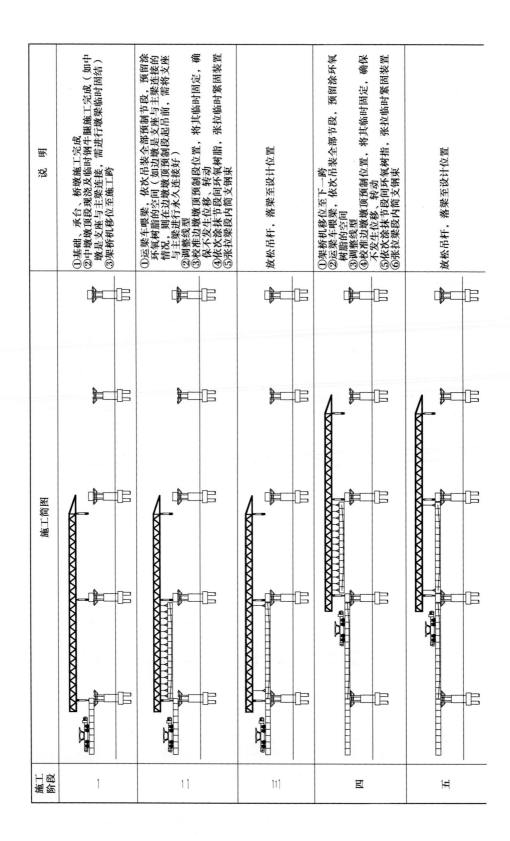	①基础、承台、桥墩施工完成 ②中墩墩顶段现浇及临牛腿施工完成（如中墩顶预留支座及主梁连接时需进行墩梁临时固结） ③架桥机移位至施工跨
二		①运梁车喂梁，依次吊装全部预制节段（如边墩顶预留支座的情况，则在边墩顶预制段起吊前，将主梁连与支座永久连接好） ②调整线型 ③校准边墩顶预制段位置，转动 ④依次涂抹节段间环氧树脂 ⑤张拉临时紧束钢束
三		放松吊杆，落梁至设计位置
四		①架桥机移位至下一跨 ②运梁车喂梁，依次吊装全部节段，预留涂环氧树脂的空间 ③调整线型 ④校准边墩顶预制段位置，转动 ⑤依次涂抹节段间环氧树脂，确保不发生位移 ⑥张拉梁段内简支钢束
五		放松吊杆，落梁至设计位置

步骤	说明
六	①架桥机移位至下一跨 ②运梁车喂梁，依次吊装全部节段，预留涂环氧树脂的空间 ③调整线型 ④校准边墩墩顶位置，确保不发生位移、转动 ⑤依次涂抹节段间环氧树脂，张拉临时筒支钢束 ⑥张拉梁段内筒支钢束临时紧固装置
七	放松吊杆，落梁至设计位置
八	①利用临时牛腿上千斤顶调整主梁标高，达到合龙温度后将合龙口进行临时锁定，浇筑边跨合龙段同湿接缝 ②湿接缝处混凝土达到规定养护条件后，张拉连续钢束，解除合龙口临时锁定
九	①在边跨预制节段范围内进行压重，压重沿桥向纵桥荷载集度为65 kN/m（如边墩未进行压重的情况，则该边跨不进行压重） ②待温度达到锁定，进行边墩与预制主梁的临时锁定（详细施工工艺流程见"边预制边墩梁未固结施工工艺流程图"，如施工"边预制主梁"边墩与主梁连接的情况，则进行支座永久连接） ③待梁固结后，浇筑预制节段混凝土达到设计强度时解除边墩同预制节段间临时锁定，拆除临时压重，完成此此联施工（如中墩是支座连接，需拆除临时梁）
十	①施工其余各联 ②桥面附属及设备安装

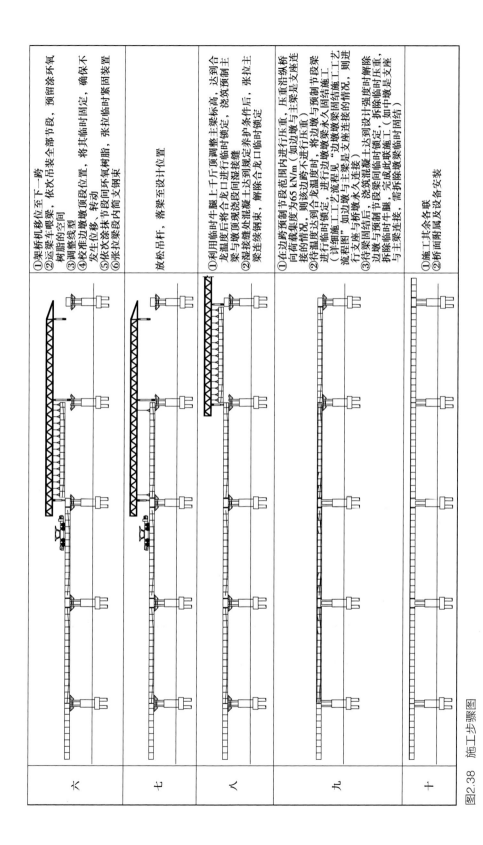

图2.38　施工步骤图

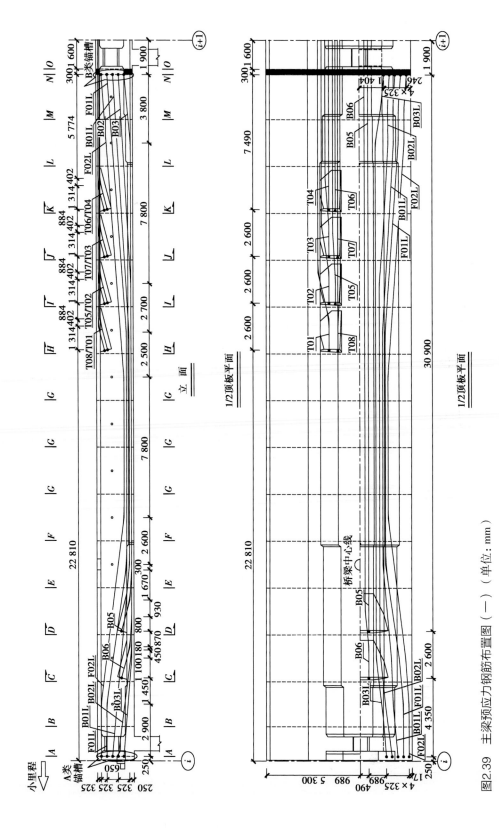

图2.39 主梁预应力钢筋布置图（一）（单位：mm）

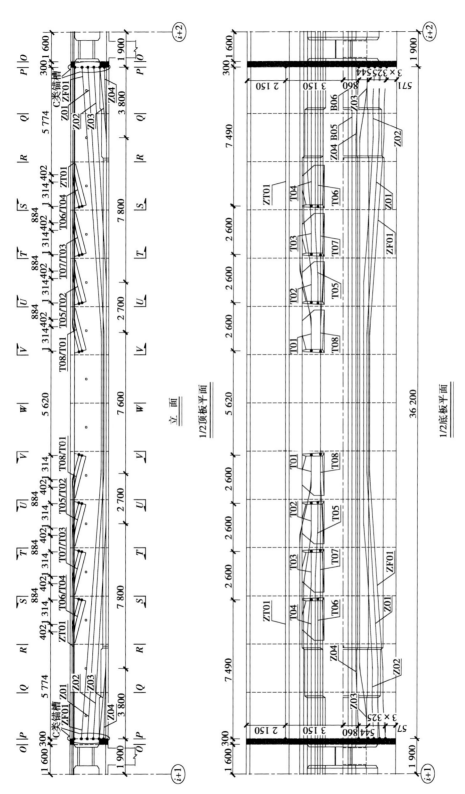

图2.40　主梁预应力钢筋布置图（二）（单位：mm）

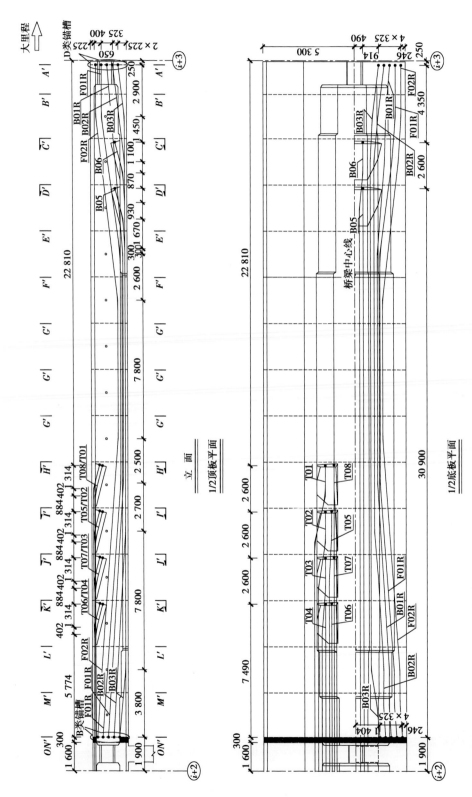

图2.41 主梁预应力钢筋布置图（三）（单位：mm）

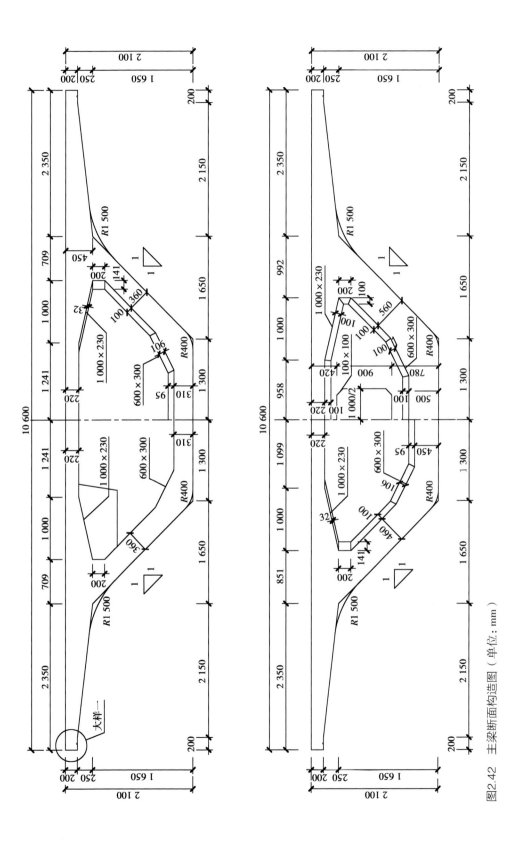

图2.42　主梁断面构造图（单位：mm）

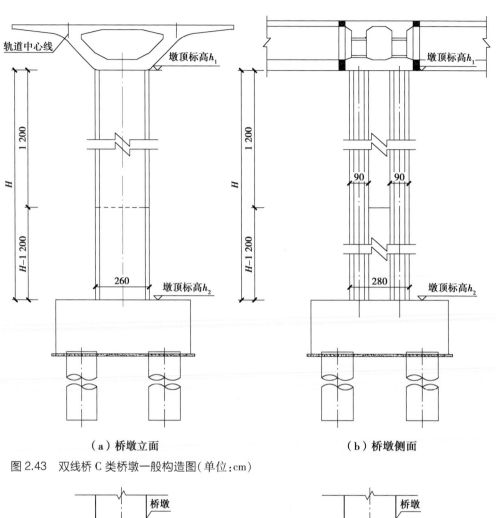

（a）桥墩立面 　　　　　　　　　　（b）桥墩侧面

图 2.43　双线桥 C 类桥墩一般构造图（单位:cm）

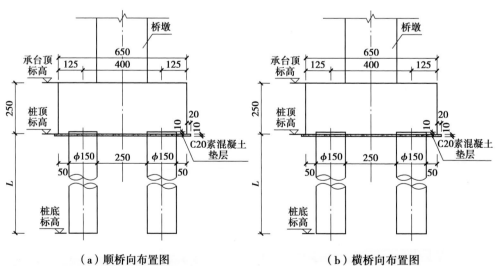

（a）顺桥向布置图 　　　　　　　　　　（b）横桥向布置图

图 2.44　基础构造图（单位:cm）

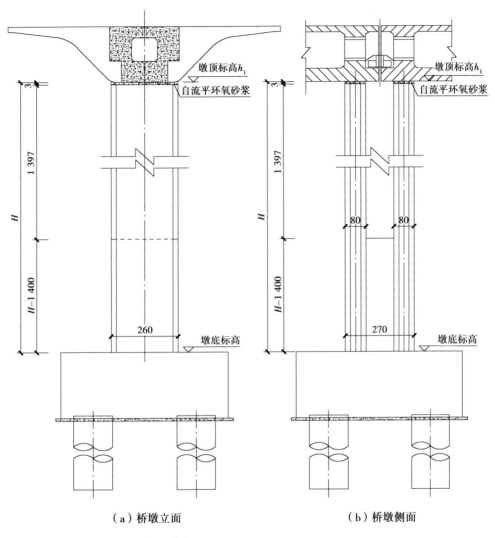

（a）桥墩立面　　　　　　　　　（b）桥墩侧面

图 2.45　F 类桥墩一般构造图（单位:cm）

2.5 高架桥梁在城际铁路中的应用——宁马城际铁路

2.5.1 项目情况

南京至马鞍山城际铁路(简称"宁马城际铁路")起自南京市西善桥站(含),沿宁芜公路、景明大街、江东大道敷设,有效串联南京板桥新城、滨江新城、马鞍山花山区、雨山区、当涂县,终点至马鞍山当涂南站(含)。

南京至马鞍山城际铁路全线长约 54.23 km,其中,地下线 11.48 km,高架线 40.76 km,地面线 1.59 km,过渡段 0.40 km。共设 16 座车站,其中,地下站 4 座,地面站 1 座、高架站 11 座。

南京段:线路全长 26.51 km,其中,地下线 10.82 km,高架线 14.28 km,地面线 1.01 km,过渡段 0.40 km。全线共设 8 座车站,其中,地下站 4 座、地面站 1 座、高架站 3 座;设滨江车辆基地 1 座。

马鞍山段:线路全长 27.72 km,其中,高架线 26.48 km,山岭隧道段 0.66 km,路基段 0.58 km。全线共设 8 座车站,全部为高架站;设当涂南车辆段 1 座。

南京至马鞍山城际铁路(马鞍山段)09 标段工程起于试验工程(先开段)设计终点,终于设计终点,含出入线除路基段,如图 2.46 所示。里程范围:正线为下 CK53+868.136～下 CK66+533.946,全长 12 665.810 m;出入线为 RCIK0+000～RCIK1+061.628,其中,RCIK0+000～RCIK0+126.628 段范围与正线共建,出入线全长 935 m。全线包括 3 个车站,即采石河站、当涂东站、当涂南站;涉及 5 个区间,试验工程(先开段)终点—采石河站、采石河站—当涂东站、当涂东站—当涂南站、当涂南站—设计终点、当涂南车辆段出入线路线区间。线路绝大部分以高架形式敷设,在下穿巢马城际铁路正线、联络线、疏解线位置附近 424.919 m 以地面线形式敷设,里程范围为下 CK58+103.107～下 CK58+528.026;在穿越白纻山位置时,以隧道和路基的形式敷设,里程范围为下 CK63+262.526～下 CK64+076.911,全长 814.385 m,其中,隧道长约 660 m;其余路段均以高架形式敷设。

南京至马鞍山城际铁路(马鞍山段)09 标段工程桥梁全长约 12 503.225 m,包含节点桥 25 座,共 4 241 m(含姑溪河特大桥 1 座 400 m),含左线单线桥 513.719 m,路

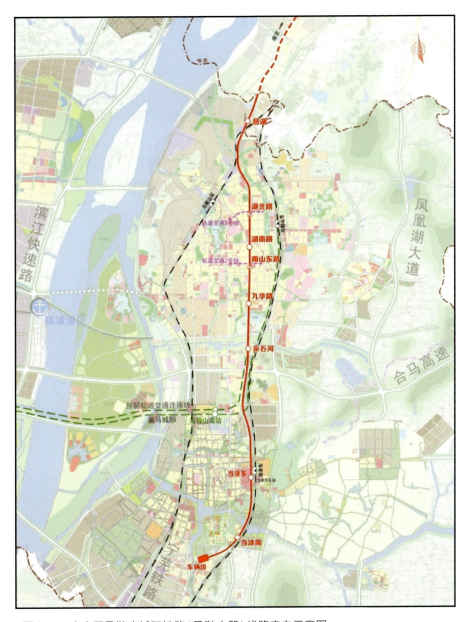

图 2.46　南京至马鞍山城际铁路(马鞍山段)线路走向示意图

基和隧道长 1 239.304 m。

　　南京至马鞍山城际铁路(马鞍山段)09 标段桥梁提署路以北主要沿既有道路江东大道中央分隔带敷设,提署路以南主要沿现状农田和绿地敷设。沿途依次跨越采石河、规划超山路、规划黄梅山路、S24 常合高速公路、规划丁山路、长山东路、金山东路、明珠东路、预留路口、金山湖路、银塘河、釜山路、规划小桥河东支流、规划印王路、襄城河、太白东路、青莲东路、黄池东路、市场路、提署路、姑溪河及两岸防洪堤、涂山大道、青山路等多条现状(规划)道路及河流。沿途地下管线和高压线众多,两次跨越西气东输燃气管道。

江东大道呈南北纵向穿越马鞍山市,是马鞍山市主城区规划路网"五横一纵"中的一条重要的主干道,是城市绿化的景观风貌的景观大道之一,是城市对外交通的主要纽带之一。江东大道设计车速为 60 km/h,标准路幅宽为 60 m,具体横断面布置为:5.5 m(人行道)+5.5 m(非机动车道)+3.0 m(机非分隔带)+12.0 m(机动车道)+8.0 m(中央分隔带)+12.0 m(机动车道)+3.0 m(机非分隔带)+5.5 m(非机动车道)+5.5 m(人行道)= 60 m。南京至马鞍山城际铁路(马鞍山段)与江东大道的横断面关系如图2.47 所示。

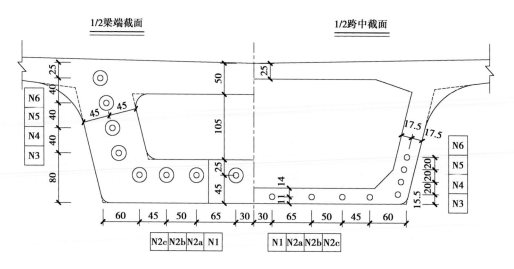

图 2.47 沿江东大道走行段典型区间横断面图(单位:m)

1)技术标准

(1)设计洪水频率

桥梁 1/100,涵洞 1/100,技术复杂、修复困难的特大桥采用 1/300 检算。

(2)设计行车速度

速度目标值为 120 km/h。

(3)设计荷载

采用 ZS 荷载。

(4)线路最小曲线半径

最小曲线半径 $R = 1\ 250$ m。

(5)设计使用年限

桥梁主体结构按 100 年正常使用年限进行设计。

（6）建筑限界

①南京至马鞍山城际铁路桥梁限界满足市域铁路的相关要求。

②跨越城市公路时，按照《公路工程技术标准》（JTG B01—2014）的规定：

a.跨越高速公路的净高不小于 5.5 m；

b.跨越一级公路、二级公路的净高不小于 5.0 m；

c.跨越三级公路、四级公路的净高不小于 4.5 m。

③跨越城市道路时，按照《城市道路工程设计规范（2016 年版）》（CJJ 37—2012）的规定：

a.跨越城市快速路及主干路净高不小于 5.0 m；

b.跨越城市次干路净高不小于 4.5 m；

c.跨越城市支路净高不小于 4.0 m；

d.跨越非机动车道净高不小于 3.5 m。

（7）抗震设防烈度

抗震设防烈度Ⅵ度。

2）设计主要特点

①南京至马鞍山城际铁路 09 标段工程含 3 个车站，涉及 5 个区间，其中，区间高架桥梁全长约 12.5 km，包含节点桥 25 座，共 4 241 m（含姑溪河特大桥 1 座，400 m），含左线单线桥 513.719 m，路基和隧道长约 1.24 km。

②高架区间桥梁大部分整体敷设在江东大道路中绿化带内，区间标准梁采用简支梁体系，标准跨度为 35 m，相较于连续体系，施工简单、对城市环境影响小，对道路占用及交通影响周期短。

③高架区间标准简支梁大量采用绿色建造技术，采用预制架设法施工，整孔预制吊装，梁上运梁，有效节约工期，减小对环境的影响，保障工程质量，白纻山隧道以南桥梁段约 3.27 km（含出入线桥 935 m），由于环境限制，不利于预制梁的运输和架设，采用支架现浇法施工。

④高架区间采用单箱单室大箱梁截面，其刚度大、整体性好、结构简单大方、施工方便、景观效果佳。

⑤高架区间路口和河流众多，跨一般路口和河流节点桥的跨径范围为 50～115 m，采用变截面连续梁（刚构）体系，封闭挂篮悬臂浇筑法施工。跨明珠东路节点桥 80 m 采用下承式简支钢桁梁，支架拼装施工。

⑥高架区间标准梁采用花瓶墩形式，根据全线地质情况，采用桩基础作为本段桥梁的基础形式，桩底置于下部承载力较高的地层内。采用钻孔灌注桩，一般桥梁钻孔桩直径采用 $\phi 1.0\sim 1.5$ m，大跨特殊结构钻孔桩直径采用 $\phi 1.5\sim 2.5$ m。

3）主要效果图

主要效果图如图 2.48、图 2.49 所示。

图 2.48　宁马城际铁路区间高架横断面效果图

图 2.49　宁马城际铁路区间高架效果图

2.5.2　区间高架桥梁设计

1）设计理念

①桥梁结构设计与计算必须以地质勘查资料及国家有关规范、标准、规程为依据。桥梁结构的选型应满足安全、经济和美观的要求,并尽量采用标准化设计。

②结构必须保证施工和运营阶段具有足够的强度、刚度以及稳定性。

③桥梁选用的结构形式和材料,应满足抗震、减噪的要求,必要时根据环境影响评价要求设置隔声屏障,降低噪声污染。

④应认真考虑桥梁对城市景观、环境的影响,结合道路路幅、周边环境,选择经济合理的结构形式。

⑤桥梁结构及施工必须考虑对现有及规划城市交通的影响,并应将其影响降到最低限度,结合地面交通要求,选用适宜的结构形式和施工方法。高架桥与公路、铁路立交或跨越河流时,桥下净空应满足行车、排洪、通航的要求。

⑥桥梁的设计与施工应采用有效措施,控制梁的后期徐变和沉降,以满足整体道床无缝线路的要求。

⑦桥梁墩型的选定,除应满足结构自身受力要求外,需结合上部梁型,做到上下部结构和谐一致,同时还需着重从景观、视觉以及周边环境上考虑,尽量做到美观、大方,与周围环境协调一致。

⑧桥梁的桩基设计时,沉降应作为控制因素之一。应控制相邻桥墩间的沉降差。施工机具及工艺应考虑减小对周边环境的影响。

⑨结构设计除满足现行国家标准、规范、规定外,尚应满足地方有关规范及规定。

2）桥梁结构特点

区间高架桥梁采用单箱单室大箱梁截面,整体刚度好,简洁大方;标准梁采用简支梁体系,预制架设工法施工,整孔预制吊装,梁上运梁;结构整体便于机械化施工,预制梁厂平均每天预制 2 片梁,每台架梁机平均每天架梁 2 片,可以有效节约工程工期,确保工程优质、快速、有序地进行。

由于本段多数沿江东大道中分带布设,采用梁场整体预制,运架施工的梁部施工方案,可以有效减少施工场地占用面积及占用空间,减小对城市交通的影响,在小曲线段以及局部运架受限、工期紧张地段,考虑采用现浇法施工。变截面连续梁(连续刚构)桥采用挂篮悬臂浇筑施工,道岔连续梁采用贝雷梁支架现浇施工,施工时桥下设防护。

3）主要设计简图

主要设计简图如图 2.50 至图 2.57 所示。

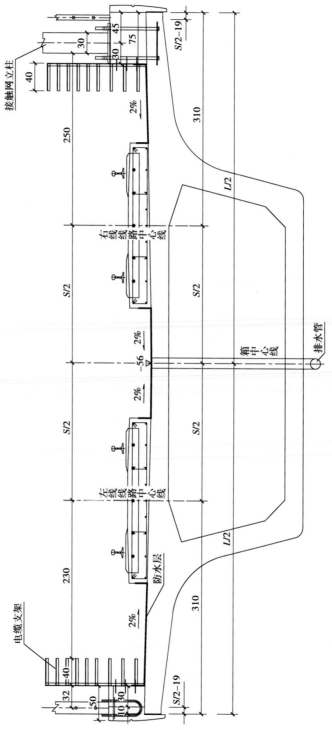

图2.50 桥面布置示意图（单位：cm）

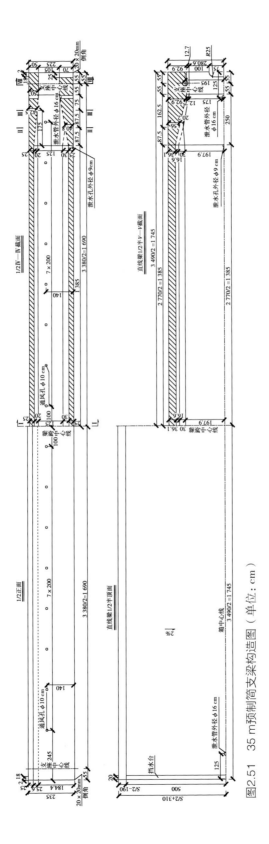

图2.51　35 m预制简支梁构造图（单位：cm）

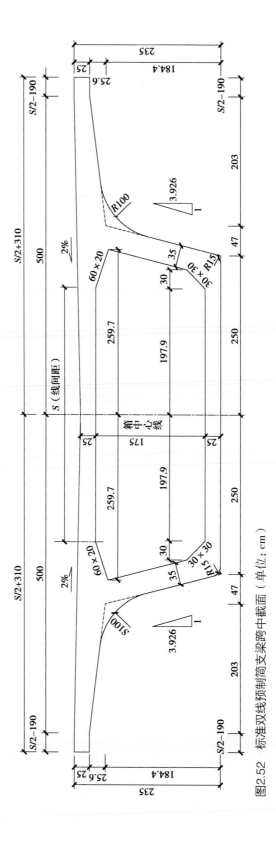

图2.52 标准双线预制简支梁跨中截面（单位：cm）

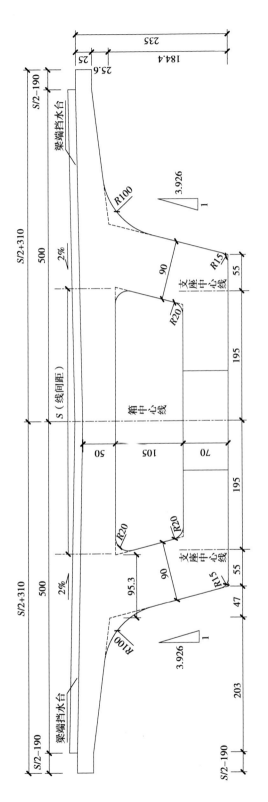

图2.53　标准双线预制简支梁支点截面（单位：cm）

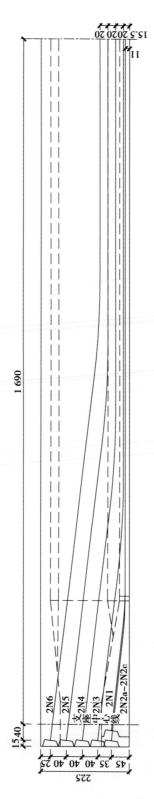

图2.54 1/2预应力钢筋力面布置图（单位：cm）

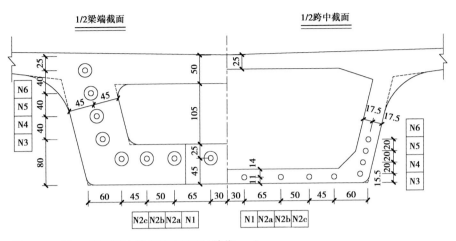

图 2.55　35 m 预制简支梁钢束布置图(单位:cm)

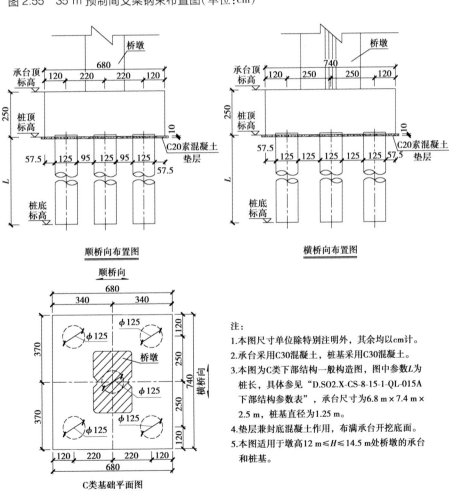

注:
1.本图尺寸单位除特别注明外,其余均以cm计。
2.承台采用C30混凝土,桩基采用C30混凝土。
3.本图为C类下部结构一般构造图,图中参数L为桩长,具体参见"D.SO2.X-CS-8-15-1-QL-015A下部结构参数表",承台尺寸为6.8 m×7.4 m×2.5 m,桩基直径为1.25 m。
4.垫层兼封底混凝土作用,布满承台开挖底面。
5.本图适用于墩高12 m≤H≤14.5 m处桥墩的承台和桩基。

图 2.56　双线简支梁典型基础构造图

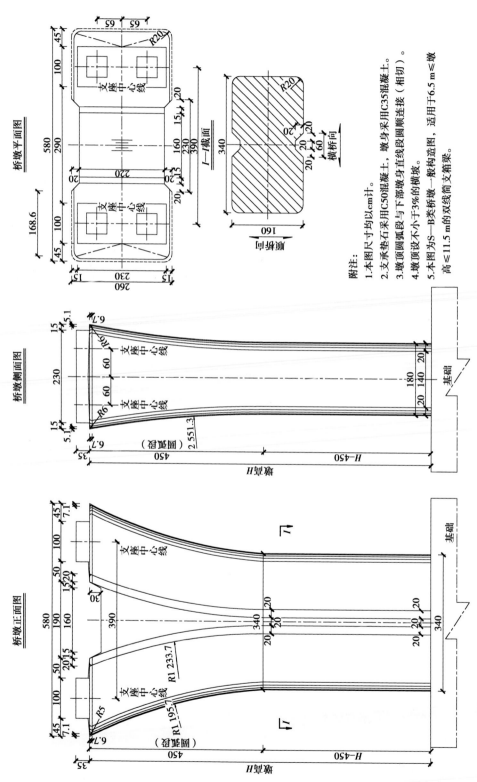

图2.57 双线简支梁典型桥墩构造图

附注：

1.本图尺寸均以cm计。

2.支承垫石采用C50混凝土，墩身采用C35混凝土。

3.墩顶圆弧段与下部墩身直线段圆顺连接（相切）。

4.墩顶设不小于3%的横坡。

5.本图为S—B类桥墩一般构造图，适用于6.5 m≤墩高≤11.5 m的双线筒支箱梁。

图2.57 双线筒支梁典型桥墩构造图

第 2 篇

研究篇

第3章 城市桥梁的地震损伤破坏

3.1 山地城市灾害防治的特殊性

山地城市适宜建设用地少,且地形地质条件差,因此是灾害多发地区。其灾害的形成不仅是城市空间结构的问题,还牵涉到城市所处的自然宏观环境,以及城市建设过程中的具体理念。

在山地城市特殊的建设条件下,山地城市在城镇化发展过程中与自然环境相互协调而形成人口密度或形态结构紧凑的高密度城镇。山地生态系统脆弱,山地城市灾害通常具有以下特征:

①复杂性、多种灾害叠加作用,灾害连锁现象突出;

②不确定性强,突发灾害多,次生灾害多,灾后容易形成孤岛效应;

③灾害高频多发,对城市造成长期影响,成为控制城市建设的重要因素,灾害及次生灾害频发对城镇的可持续发展产生消极影响。

由于人类逐渐认识到灾害的威胁,逐步有了一定的防灾意识,灾害的起数逐渐减少,但是灾害的破坏程度则越来越大。在近一个世纪中,地震造成的灾害经济损失占首位,约占统计数字的35%,同时地震也是造成死亡人数最多的灾难,约占死亡总人数的47%。地震灾害已经成为城市防灾减灾的重要研究方向。山地城市防灾不是被动地应对灾害,而是积极主动地预防灾害的发生,保障山地建设安全是山地城市建设的重大课题和基本前提。

山地城市道路更受制于地形条件的制约,是维系城市运转的生命线工程的一个重要组成部分。山地道路交通系统主要是道路、桥梁、隧道等构筑物复合体系。地震引发的崩塌、滑坡、砂土液化以及次生灾害等都直接影响道路交通系统的安全。对山地城市交通系统震害特别是桥梁工程地震灾害及控制研究很有必要。

3.2　山地城市高架桥梁损伤案例

桥梁是交通体系中最基本和最常用的组成要素,也是交通生命线的重要节点,但同时桥梁更是交通基础设施在地震灾害中首当其冲的易损环节。近 30 年来,国内外多次发生重大地震灾害,导致大量桥梁出现严重损伤和破坏现象,例如,1994 年的美国加利福尼亚州北岭地震、1995 年的日本阪神地震、2008 年的中国汶川地震、2010 年的智利地震、2010 年的墨西哥地震等。其中,汶川地震造成至少 6 140 座桥梁和 156 条隧道受损,经济损失巨大。阪神地震共造成 6 500 余人死亡,大量桥梁构筑物和建筑物遭到严重损毁;日本政府统计,此次地震造成的直接经济损失逾千亿美元。

山地城市灾害,每年都造成巨大的生命和财产损失,特别是四川汶川地震、青海玉树地震、舟曲泥石流的发生,更昭示山地城市减灾防灾需要有必要的理论支撑。发达地区已有的发展经验证明,城市建设不可缺少防灾减灾理论。从辩证法的观点来看,不存在绝对没有灾害的城市。城市灾害与人居环境建设是矛盾的双方。城市灾害是客观存在的,而人居环境建设的目标是建设适宜人居住的、可持续发展的人类聚居环境,这是人类的主观愿望。所以,要建设优质的人居环境就需要发挥人的主观能动性,发现灾害发生规律,研究减少灾害发生的理论方法。

国内外现阶段桥梁抗震设计的主要理念是利用桥墩的延性进行抗震,该方式允许桥墩进入塑性状态,形成若干塑性铰,以延长结构周期并耗散地震能量。但大量震害调查表明:在强震作用下利用桥墩延性进行抗震设计,墩柱本身会遭受严重损伤,产生严重的塑性变形,甚至导致墩柱塑性铰区混凝土保护层剥落、纵筋屈曲,震后产生永久残余位移。由于桥梁严重损伤,震后需要长时间加固或拆除,因此严重影响桥梁的使用功能;尽管也有大量钢筋混凝土桥墩并未发生完全坍塌,但却发生了倾斜变形,导致桥墩顶部产生较大的残余位移。汶川地震后,通过对灾区公路中的 1 657 座桥梁进行震害检测与调查发现,发生整体倒塌的桥梁结构数量较少,但部分桥墩墩身产生了倾斜,形成了较大的永久性残余位移。

3.3 塞普里斯高架桥

在 1989 年美国 Loma Prieta 地震中,最严重的震害出现在高速公路 880 号线塞普里斯(Cypress)高架桥。该桥建成于 1957 年,是加利福尼亚州内第一座双层框架连续高架桥,其上层框架柱底普遍采用与下层框架铰接的形式。由于桥墩箍筋含量明显不足,该桥在地震发生之前,已按加利福尼亚州运输局(Caltrans)的第一阶段加固计划在相邻梁跨间安装了纵向约束装置,在 1990—1992 年对下部结构进行了再加固。地震中,该桥有一段 800 m 长的上层桥面因桥墩断裂塌落在下层桥面上,上层框架完全毁坏(图 3.1),或者框架帽梁与墩柱节点剪切破坏。位于该桥附近的两个地震台站,其中一个记录到的地面水平和竖向运动加速度峰值分别为 $0.26g$ 和 $0.16g$,另一个记录到的地面水平和竖向运动加速度峰值分别为 $0.29g$ 和 $0.07g$。推测塞普里斯高架桥塌落的外部原因,主要与软土地基上建造的柔性结构有关;结构本身的内因主要有梁柱节点配筋不足、框架横向刚度不连续、桥墩横向箍筋明显不足。由于缺少足够的剪切箍筋导致墩柱的脆性剪切破坏,塞普里斯高架桥的失效出现在墩柱和横梁的连接部分和部分桥面塌陷到下层。20 世纪 60 年代,混凝土结构都未考虑延性设计(少量的钢筋及其箍筋)。不足的细部设计及其少量的横向箍筋是塞普里斯高架桥墩柱失效的主要原因。

图 3.1 塞普里斯高架桥

3.4　La Cienega-Venice 跨线桥

美国加利福尼亚州 Northridge 地震发生在 1994 年 1 月 17 日,震级为 M6.7,震中位于加利福尼亚州洛杉矶市中心西北大约 32 km 处,地震总共持续了大约 20 s,其中 10 s 为破坏性的震动。地震共造成 65 人死亡,至少 5 000 人受伤,25 000 余人无家可归,直接经济损失估计在 200 亿美元左右,是美国有史以来造成经济损失最为惨重的一次自然灾害。

La Cienega-Venice 跨线桥建于 1964 年,上部结构支撑在直径为 1.2 m 的圆柱形单墩上,单墩配有 12~48 根直径为 35.8 m 的主筋和直径为 12.7 mm 的环形箍筋,箍筋采用搭接,间距为 305 mm,体积配箍率约为 0.15%。地震中,一些桥墩在柱顶受到严重破坏,另一些则在柱底受到严重破坏。显然,箍筋不足是桥墩遭受破坏的主要原因,如图 3.2 所示。

图 3.2　La Cienega-Venice 跨线桥

3.5　I118-Mission Gothic 跨线桥

在 1994 年美国 Northridge 地震中,I118-Mission Gothic 跨线桥墩柱变截面处损坏

严重。该桥设计于 1973 年,建成于 1976 年,上部结构为现浇后张预应力混凝土箱梁,支承在 Y 形双柱式排架墩上。桥墩下部截面为外径 1.8 m 的正八边形,在墩顶宽度渐变为 3.6 m,配有 45 根直径 35.6 mm 的主筋和直径 16 mm 的螺旋箍筋,箍筋间距为 89 mm,体积配箍率约为 0.5%。地震中,该桥桥墩大量遭受破坏,并导致部分倒塌。震后调查显示,桥墩破坏可以归类为两种模式:一种是在墩顶截面突变处发生的弯剪破坏,另一种是在墩顶截面加宽段发生的弯曲破坏。据分析,该桥桥墩所配箍筋足以保证在顶首先形成弯曲塑性铰,但在弯曲塑性铰形成后,因塑性铰区抗弯强度超强和截面抗剪能力大大下降,共同造成一些桥墩在墩顶截面削弱处的弯剪破坏,如图 3.3 所示。

图 3.3　I118-Mission Gothic 跨线桥

3.6　Hanshin 路段高架桥

日本阪神地震发生在 1995 年 1 月 17 日,震级为 M7.2,震中位于淡路岛东北部,距神户市中心西南大约 20 km,地震总共持续了大约 20 s,记录到的最大地面水平运动加速度峰值约为 0.8g,竖向运动最大加速度峰值约为 0.3g。这次地震使神户地区所有铁路、公路和快捷交通系统均遭受严重破坏,陆上对外交通系统几乎全部中断,都市机能完全陷于瘫痪状态。地震共造成 6 000 人死亡和 34 000 余人受伤,30 多万人无家可归,是日本自 1923 年关东大地震之后损失最惨重的一次自然灾害,也是世界上现代化都市前所未遇的地震灾害,预计灾后重建和恢复的费用至少需要 1 000 亿美元。除此之外,这次地震对日本今后的经济发展产生了较大的负面影响。

在此次地震中,最严重的桥梁震害出现在阪神 Hanshin 高速公路神户段内,Hanshin 高速路修建于 20 世纪 60 年代中后期,Hanshin 高速路是主干道,长 40 km。大部分由单个大体积混凝土墩柱支撑,间距 32 m。一座高架桥共有 18 根独柱墩被剪断,长 500 m 左右的梁体向一侧倾倒(图 3.4)。破坏不仅使 Hanshin 高速路关闭,而且影响其下部高速路的通行。模拟分析结果表明,在 20%墩高处有 33%的纵筋被切断,引起了桥墩的破坏。由于约束钢筋较少,较强的承台所提供的约束作用对桥墩在地震中幸存与否起到了至关重要的作用,但是由于纵筋的过早切断,迫使塑性铰在桥墩底部之上形成,而对此处承台起不到约束作用,柱墩剪切破坏导致质量较大的梁体侧倾,使独柱墩完全被剪断。混凝土桥面的破坏比钢桥上部结构的破坏大。在两部分的接合处,混凝土路面拖动邻近部分的倾覆。

图 3.4 神户段高架桥部分倾覆

图 3.5 中的破坏是由水平荷载和较大轴向荷载共同作用造成的。立交的公路在日本一般是单跨,一边固定,一边铰支。为了节省空间,采用独柱墩悬臂梁结构。其中,很多结构的支座宽度、墩柱抗剪箍筋和纵向钢筋的搭接长度都不够。与 1994 年美国 Northridge 地震情况一样,细部设计不足,日本的设计采用大墩柱,其刚度是美国结构的两倍,同时还采用了多于 50%的钢筋和矮墩。但是由延性不够而容易导致脆性破坏。日本从 1971 年后对旧桥进行了加固,Hanshin 高速路上的部分墩柱采用了包钢加固,如图 3.6 所示。虽然包钢混凝土墩出现了临界破坏,但是比未包钢混凝土墩的抗震能力增强了许多。

图 3.5　Hanshin 高速路破坏墩

图 3.6　Hanshin 高速路上包钢混凝土墩

3.7　绵阳机场高架桥

　　大量文献中已详细描述分析了汶川地震,在这里只作简单介绍。龙门山断裂带是这次汶川大地震的元凶,它绵延长约 500 km,沿四川盆地西北缘底部切过,位置十分特殊,地壳厚度在此陡然变化,在其以西为 60~70 km,以东则在 50 km 以下。它的东部仅 100 km 外就是人口密集、工业发达的成都平原地区和大城市群。资料显示,龙门山地震带近一万年以来一直非常活跃,半个世纪以来,发生 7 级以上的破坏性地震多达 10 余次,其中汶川 8.0 级大地震,震中烈度达到XI度。根据《中国地震动峰值加速度区划图》,这一地区的峰值加速度为 $0.1g$,实际烈度已远远大于抗震设防烈度。

图 3.7 是绵阳机场高架桥桥墩剪切破坏的例子,这种破坏由纵向钢筋过早屈服断裂导致。当钢筋混凝土桥墩纵筋断裂且保护层及核心混凝土破坏严重时,桥墩丧失承载能力,只能尽早修护或更换,但是这两种办法施工难度均较大,严重影响其通行能力。

图 3.7　绵阳机场高架桥

3.8　结　论

根据上述城市桥梁实例,在城市高架桥及跨线桥中墩柱的主要形式为钢筋混凝土桥墩。桥梁结构的抗震性能主要依赖于桥墩结构的抗震性能,传统的抗震思想是通过保证桥梁自身的刚度、延性、强度来抵抗地震作用,桥墩的破坏形式一般有两种情况,即墩柱弯曲破坏和墩柱剪切破坏。墩柱弯曲破坏:这种破坏在破坏性地震中是非常常见的震害形式,弯曲破坏是延性的,多表现为开裂、混凝土剥落压溃、钢筋裸露和弯曲等,并产生很大的塑性变形,主要是约束箍筋配置不足、纵向钢筋的搭接或焊接不牢等引起的墩柱的延性能力不足。墩柱剪切破坏:这种破坏在历次大地震中较常见,剪切破坏是脆性的,往往会造成墩柱及上部结构倒塌,震害较为严重。

当出现中震、大震后,桥墩将会产生永久残余变形,即使桥墩结构的轻微残余变形可以修复,但是修复后桥墩结构的承载力难以保证,而残余变形过大且破坏严重的桥墩结构只能重建。但是桥墩结构的重建需要耗费大量的时间、人力、物力、财力,并且在紧急救援时,由于桥梁结构不能通行会导致地震受害者失去生命,所以急需一种在中震、大震后桥墩残余变形小,可以通过短暂修复就可继续通行的方案。

自复位桥墩的优良性能刚好可以解决传统钢筋混凝土桥墩在震后残余位移大、维修难度大的难题,为桥梁能够在大震后快速通行提供可能。

第4章　山地城市高架桥梁抗震理念发展与创新

　　日本阪神地震后,研究人员经现场测量发现,大量桥墩顶部位移偏移超过墩高 1.75% 或者桥墩的整体倾角超过了 1°。虽然这些桥墩整体尚未发生倒塌,但因其过大的残余位移,使上部结构同样产生了较大的倾斜,整个桥梁结构无法恢复到正常使用状态,影响了继续服役的使用性能需求而被拆除重建,从而造成巨大的经济损失,给震后城市交通功能恢复带来了巨大阻碍。此次地震后,学者针对桥墩未倒塌但由残余位移过大而导致无法修复的问题进行了大量研究,加强了对桥墩震后残余位移计算和控制问题的关注。与此同时,国内外大量研究也揭示了控制结构残余变形的重要性,提出残余变形应作为抵抗余震的关键指标。因此,如何控制桥墩残余位移对提高桥梁的抗震能力具有非常重要的意义。为了提高桥梁结构震后使用性能,减小桥墩的残余变形,国内外许多学者对具有"自复位性能"(Self-centering Capability)的桥墩体系进行了技术可行性研究。自复位性能是指结构在发生较大位移变形后可自行恢复到正常使用状态,且损伤和残余变形较小的能力。

　　自复位桥墩体系(Self-centering Bridge Column)是指具备自复位性能的桥梁墩柱体系,该理念可以解决传统钢筋混凝土桥墩在震后残余位移大、维修难度大的难题,为桥梁在震后的快速恢复通行和正常使用提供了可能。鉴于此,本研究结合近年来行业对桥梁装配化、工厂化和快速化施工的需求,利用钢管混凝土组合结构的高延性、强耗能的优点,研究构造简单、适合工业化建造的无黏结预应力钢管混凝土预制拼装自复位桥墩体系。通过理论和试验研究,全面揭示这种新型自复位桥墩体系的抗震性能,以期为我国高烈度地区量大面广的中小跨径梁桥的抗震设计、建造、安全服役提供理论依据和技术支撑,促进我国交通基础设施防震减灾技术的进步。

　　在我国"十四五"交通建设规划中,构建安全、便捷、高效、绿色、经济的现代化综合交通体系,推进装配式交通建设,已成为我国交通建设发展的重要组成部分。利用预制拼装技术将桥墩设计成为自复位摇摆耗能体系,通过无黏结预应力钢筋将各部分预制桥梁构件连接形成整体,并在墩底节点处设置耗能构件以增强结构整体耗能,这种经过精心设计的预制拼装桥墩兼具自复位性能好和耗能能力强的优点,其与常规的延性设计桥墩相比具有更好的抗震性能,故具有良好的抗震潜能,与我国在交通建设中不断加大抗震设防要求相适应。因此,预制拼装桥墩抗震构造研究变得十分有意义,对我国装配式绿色交通建造战略具有较大的实用价值和理论意义。

4.1　国内外研究现状

4.1.1　自复位结构体系的原理

自复位桥墩体系主要是通过 3 种途径提高桥墩自复位抗震能力:

①利用地震中桥墩接缝的摇摆作用或基础的提离作用,由结构自重提供自复位力,控制和减小桥梁震后残余位移。

②通过在桥墩中安装无黏结的体外预应力钢筋,由预应力效应提供自复位力,控制和减小桥墩震后残余位移。

③通过设置外部耗能装置或内部耗能钢筋的方法,通过增大阻尼来增强自复位结构的耗能能力。

在循环荷载作用下,传统整体式钢筋混凝土桥墩的力-位移关系曲线将呈现饱满的"菱形"图,有较好的耗能能力;摇摆式桥墩的力-位移关系曲线将呈现"多线性"图,有较好的自复位能力;弹性自复位结构的力-位移关系曲线为"菱形"与"多线性"的组合,呈现"旗帜形"图,同时兼具耗能能力和自复位能力,如图 4.1 所示。

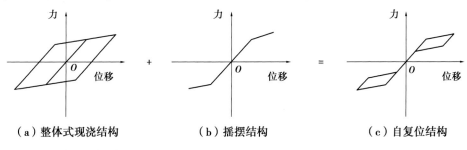

（a）整体式现浇结构　　　　　（b）摇摆结构　　　　　（c）自复位结构

图 4.1　自复位滞回曲线图

　　表4.1列出了整体现浇钢筋混凝土桥墩和几种常见的自复位桥墩体系的构造及受力特点。

表 4.1　不同构造桥墩在地震作用下的受力特点

桥墩类型	图　示	滞回曲线特征	地震力作用下的受力特点
整体式桥墩			耗能能力较强,卸载后存在明显的残余变形,使桥墩自复位性能较差
摇摆式桥墩			横向刚度较小,桥墩自复位能力较好,但耗能较差,桥墩抗侧倾覆能力差
整体式预应力桥墩			采用预应力钢筋来增加结构的自复位能力,有效减小震后残余位移
摇摆式预应力桥墩			同时采用预应力钢筋和自重提供恢复力,有较好的自复位能力,且桥墩抗侧倾覆能力强,但耗能较差
摇摆式混合配筋桥墩			同时采用预应力钢筋和自重提供恢复力,在接缝处添加耗能装置,桥墩耗能能力和自复位性能都较好

　　由自复位基本原理可知,自复位桥墩在地震荷载作用下可以发生适当的侧向摇摆并恢复部分变形;相较于传统的整体式桥墩,自复位构造能有效减轻桥墩塑性区域损

伤,且通过自身质量和预应力效应能极大地减小极限地震残余位移。

4.1.2 钢管混凝土结构的力学特征

在桥梁工程中,桥墩作为连接桥梁上部结构与基础的关键构件,其力学性能备受关注。随着近年国内外对钢-混凝土组合结构大量理论研究和工程实践,钢管混凝土桥墩已成为桥墩设计选型中一种重要的结构形式。大量研究表明,钢管混凝土墩柱结构的优点主要集中在以下 3 点:

①钢管约束作用能显著提升内部核心混凝土的抗压强度。

②构造简单、施工较为简便迅速。

③延性明显优于普通钢筋混凝土结构。

在实际工程应用中,根据钢管混凝土构造与受力形式的不同,钢管混凝土墩柱可进一步区分为两种构造形式:普通钢管混凝土柱(Concrete-filled Steel Tube,CFT)和钢管约束混凝土柱(Steel Tube Confined Concrete 或 Steel Tube Concrete,STC)。普通钢管混凝土柱和钢管约束混凝土柱受力特性对比如图 4.2 所示。

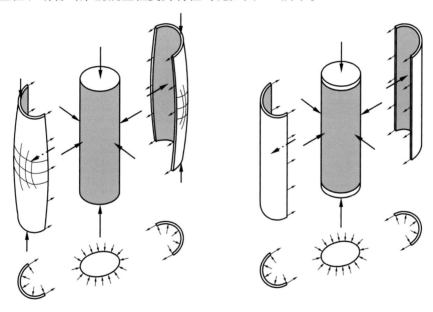

(a)普通钢管混凝土柱　　　　　　　(b)钢管约束混凝土柱

图 4.2　不同构造钢管混凝土受力机理简图

普通钢管混凝土柱的外层钢管不仅对内部核心混凝土起约束作用,还将与核心混凝土一起承担柱受弯所产生的弯矩。在受载初期处于弹性阶段时,钢管和混凝土均出现膨胀现象,由于钢管的泊松比较混凝土大,故该阶段钢管横向对混凝土不产生约束作用;而随着受载的持续,混凝土膨胀现象加剧,钢管横向膨胀小于混凝土,故此时钢管则在横向对混凝土产生了约束作用,从而提高了混凝土的强度与延性。

钢管约束混凝土柱的钢管在柱底部位置断开,钢管仅对核心混凝土产生约束效应,在柱底不参与承受弯矩。钢管约束混凝土构造是在基于普通钢管混凝土构造的基础上发展而成的;与普通钢管混凝土构造相比,钢管约束混凝土可有效避免柱底钢管由于弯矩产生受压而局部屈曲,同时保留了普通钢管混凝土构造核心混凝土承载力较高以及延性好等优点。柱底钢管的断开使桥墩结构受力机理更加明确,构造处理更加简化,拼装工艺更加易于实施,符合桥墩预制拼装技术发展的需要。

4.1.3 无黏结预应力钢管混凝土预制拼装桥墩的特点

本研究基于钢管约束混凝土柱延性性能好、耗能能力强的特点,设计了利用体外预应力提供自复位能力,采用构造简单、适合工业化建造的无黏结预应力钢管混凝土预制拼装桥墩(P-STC)构造,其典型构造如图 4.3 所示。结构主体为预制的钢管约束混凝土柱,在承台相接处断开形成拼装接缝,并在柱中心设置贯穿柱身整体的后张无黏结预应力钢筋,形成预制拼装结构;同时为增加结构整体耗能能力,在墩底接缝处设置从基础伸出的耗能钢筋。为了便于拼装找平,在桥墩底处铺设薄的超高性能混凝土(UHPC)坐垫层。

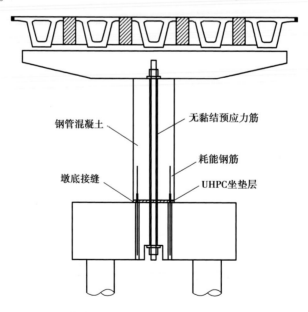

图 4.3　无黏结预应力钢管混凝土预制拼装桥墩设计图

为了对比分析,在研究 P-STC 时同步设计了无黏结预应力钢筋混凝土预制拼装桥墩(P-RC)(图 4.4)和无黏结预应力普通钢管混凝土预制拼装桥墩(P-CFT)(图4.5)两种桥墩形式。

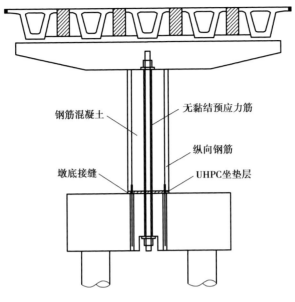

图 4.4　P-RC 构造示意图

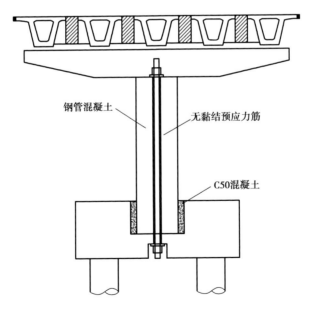

图 4.5　P-CFT 构造示意图

P-RC 同为预制拼装自复位构造柱，仅是墩身采用普通钢筋混凝土结构，而 P-CFT 桥墩为普通钢管混凝土墩柱，采用传统的承插式构造，柱身伸入基础承台内部，钢管未在承台相接处断开。

3 种类型的桥墩具体特点见表 4.2。

表 4.2 3 种类型的桥墩构造特点和受力特性

桥　墩	构造特点	受力特性
无黏结预应力钢管混凝土预制拼装桥墩 P-STC	采用钢管约束混凝土结构,内部设置无黏结预应力钢筋和耗能钢筋,墩底与基础断开,采用 UHPC 坐垫层	预制墩身为钢管约束混凝土结构;利用无黏结预应力提供自复位能力,采用耗能钢筋耗能
无黏结预应力钢筋混凝土预制拼装桥墩 P-RC	采用钢筋混凝土结构,内部设置无黏结预应力钢筋和耗能钢筋,墩底与基础断开,采用 UHPC 坐垫层	在传统钢筋混凝土桥墩基础上,利用无黏结预应力提供自复位能力,利用耗能钢筋耗能
无黏结预应力普通钢管混凝土桥墩 P-CFT	采用普通钢管混凝土结构,内部设置无黏结预应力钢筋,墩柱部分伸入基础形成整体,形成承插式构造	钢管与混凝土共同受力;利用无黏结预应力提供自复位能力,利用钢管提供耗能并约束柱身混凝土

4.2　材料本构模型

由上述钢管混凝土构件的构造特点可知,不同构造形式墩柱的受力特性和材料本构存在一定的差异。因此,在对于不同构造的预制拼装桥墩进行力学分析或数值模拟时,选取合理的墩柱材料本构模型十分关键。本节针对 P-STC,P-RC,P-CFT 这 3 种桥墩形式的受力特点,分别对其约束混凝土本构、耗能钢筋本构及预应力钢筋本构进行分析和描述。

4.2.1　约束混凝土本构关系

约束混凝土本构关系确定是对于分析墩柱结构受力状态的关键。钢管约束混凝土其约束作用机理与钢筋混凝土结构箍筋约束类似,均不考虑钢管与箍筋的纵向受力,针对这两者的约束混凝土本构关系,本书选取 Mander 约束混凝土模型。国内外学者刘界鹏、Guerrini 等在对钢管约束混凝土墩柱进行受力分析的过程中同样利用 Mander 公式对约束混凝土的应力-应变关系进行修正,验证了其准确性。

由于普通钢管混凝土结构核心混凝土受力更为复杂,国内外大量学者展开了对普通钢管混凝土结构约束混凝土本构关系的研究,结果表明韩林海模型能够较好地模拟普通钢管混凝土结构约束混凝土的力学行为。本节重点针对 Mander 约束混凝土模型与韩林海约束混凝土模型进行介绍。

4.2.2　Mander 模型

　　大量学者对箍筋约束混凝土的力学行为开展了大量研究,表明约束混凝土的抗压强度和峰值应力都得到了增强,且随着箍筋约束作用加大持续增加,并得到了相关研究成果,例如,Kent 等人和 Park 等人都提出了箍筋约束混凝土的本构关系,并得到一定应用。在 1988 年,由 Mander 等人基于已有研究成果提出的约束混凝土本构模型应用最为广泛,该模型能较好地拟合试验结果,其主要考虑了有效约束混凝土面积的相对大小、体积配箍率、箍筋间距及箍筋屈服强度对核心混凝土力学性能的影响,且其可应用于各种截面形式。Mander 模型核心混凝土应力-应变关系曲线如图 4.6 所示,其应力应变关系式则可通过式(4.1)进行分析计算。

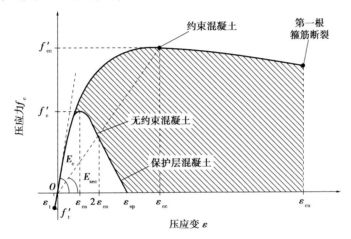

图 4.6　Mander 模型约束混凝土本构关系

$$f_c = \frac{f'_{cc} \cdot x \cdot r}{r - 1 + x^r} \tag{4.1}$$

其中,

$$x = \frac{\varepsilon}{\varepsilon_{cc}} \tag{4.2}$$

$$r = \frac{E_c}{E_c - E_{sec}} \tag{4.3}$$

$$E_{sec} = \frac{f'_{cc}}{\varepsilon_{cc}} \tag{4.4}$$

$$\varepsilon_{cc} = 0.002 \times \left[5 \left(\frac{f'_{cc}}{f'_c} - 1 \right) + 1 \right] \tag{4.5}$$

$$f'_{cc} = f'_c \cdot \left(2.254 \sqrt{1 + \frac{7.94 f'_1}{f'_c}} - 2 \frac{f'_1}{f'_c} - 1.254 \right) \tag{4.6}$$

$$\varepsilon_{cu} = 0.004 + \frac{1.4\rho_s \cdot f_{yh} \cdot \varepsilon_{su}}{f'_{cc}} \tag{4.7}$$

式中　ε——混凝土应变;

　　　E_c——混凝土弹性模量;

　　　ε_{cu}——混凝土极限压应变;

　　　ε_{cc}——混凝土峰值应变;

　　　f'_c——无约束混凝土 28 天抗压强度标准值;

　　　f'_{cc}——核心混凝土峰值应力;

　　　ρ_s——箍筋的体积配箍率;

　　　f_{yh}——箍筋的屈服应力;

　　　ε_{su}——箍筋的极限应变,此处取 0.09;

　　　f'_1——混凝土的有效横向约束应力,若 $f'_1=0$,则 $f'_{cc}=f'_c$,则式(4.8)所示为保护层混凝土应力-应变关系。f_1 的计算见下式:

$$f'_1 = k_e \cdot f_1 = \frac{1}{2}k_e \rho_s f_{yh} \tag{4.8}$$

其中,k_e 为混凝土的有效横向约束系数,是有效约束混凝土面积与约束混凝土核心面积之比,这是因为在箍筋弯折处存在的"拱作用",使得核心混凝土被有效约束的面积小于核心混凝土面积。考虑箍筋之间的间距,圆形箍筋约束混凝土截面 k_e 一般可取 0.95,而圆形钢管对混凝土的约束更为有效,因此,圆形钢管约束混凝土截面 k_e 可取 1.0。

4.2.3　韩林海模型

对于普通钢管混凝土结构力学性能分析已取得一系列成果,经过大量试验验证,发现韩林海模型精度较高且应用广泛,故本书选取韩林海模型作为普通钢管混凝土结构约束混凝土分析模型。该模型中钢管混凝土的应力-应变关系与约束效应系数 ξ 有关,ξ 的表达式如下:

$$\xi = \frac{A_s f_y}{A_c f_{ck}} \tag{4.9}$$

式中　f_y——钢材屈服强度;

　　　f_{ck}——混凝土轴心抗压强度标准值;

　　　A_s——钢管横截面面积;

　　　A_c——混凝土横截面面积。

圆钢管混凝土的核心混凝土的纵向应力 σ-应变 ε 关系模型如下:

$$y = 2x - x^2 \quad (x \leq 1) \tag{4.10}$$

$$y = \begin{cases} 1 + q(x^{0.1\xi} - 1) & (\xi \geqslant 1.12) \\ \dfrac{x}{\beta(x-1)^2 + x} & (\xi < 1.12) \end{cases} \quad (x > 1) \tag{4.11}$$

式中，$x = \dfrac{\varepsilon}{\varepsilon_0}$，$y = \dfrac{\sigma}{\sigma_0}$。

混凝土峰值应力为：

$$\sigma_0 = \left[1 + (-0.054\xi^2 + 0.4\xi)\left(\frac{24}{f_c}\right)^{0.45} \right] f_c \tag{4.12}$$

混凝土峰值应变为：

$$\varepsilon_0 = \varepsilon_{cc} + \left[1\,400 + 800\left(\frac{f_c}{24} - 1\right) \right] \xi^{0.2}(\mu\varepsilon) \tag{4.13}$$

$$\varepsilon_{cc} = 1\,300 + 12.5 f_c (\mu\varepsilon) \tag{4.14}$$

$$q = \frac{\xi^{0.745}}{2 + \xi} \tag{4.15}$$

$$\beta = (2.36 \times 10^{-5})^{[0.25 + (\xi - 0.5)^7]} f_c^2 \times 3.51 \times 10^{-4} + 12.5 f_c (\mu\varepsilon) \tag{4.16}$$

式中　f_c——混凝土的圆柱体轴心抗压强度标准值。

由式(4.12)和式(4.13)可知，当 $x \leqslant 1$ 时，即等同于核心混凝土达到峰值应力前，所对应的核心混凝土应力-应变本构关系和 Hognested 等所论证提出的混凝土本构关系模型在形式上基本类似。当 $x > 1$ 时，即核心混凝土达到峰值应力后，核心混凝土本构关系则随着钢管混凝土约束效应系数 ξ 的变化而同步变化。

如图 4.7 所示为钢管混凝土的核心混凝土典型应力-应变(σ-ε)关系曲线。当 $\xi > \xi_0$ 时，混凝土应力达到峰值应力 σ_0 之后，σ-ε 关系曲线仍然不会出现显著的下降段；当 $\xi \approx \xi_0$ 时，混凝土应力达到峰值应力σ_0 之后，σ-ε 关系曲线基本趋于平缓；而当 $\xi < \xi_0$ 时，混凝土应力达到峰值应力σ_0 之后，σ-ε 关系曲线会出现明显的下降段。通过对于大量实验研究结果的整理和分析，对于圆钢管混凝土约束效应系数建议可取$\xi_0 \approx 1.12$。

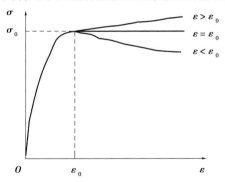

图 4.7　韩林海核心混凝土的本构关系

由文献可知，普通钢管混凝土的核心混凝土极限压应变可比无约束的混凝土大数倍甚至十余倍,混凝土的极限压应变 ε_{cu} 随约束效应系数和套箍指标 θ 的增大而显著增大:

$$\theta = \frac{A_s f_s}{A_c f_c}$$

式中 A_s——钢管横截面积;

A_c——混凝土横截面面积;

f_s——钢管极限抗压强度;

f_c——混凝土极限抗压强度。

通过试验回归可得到经验公式用于计算混凝土的压应变 ε_c:

$$\varepsilon_c = 0.2 + 2.2\sqrt[3]{\theta^2} \tag{4.17}$$

4.2.4　耗能钢筋本构关系

墩底接缝位置的耗能钢筋采用热轧钢筋,主要作用在于增强墩柱耗能能力,故模型中需要考虑其塑性性能。Chang 等学者提出了可较为准确地模拟具有明显屈服平台的普通热轧带肋钢筋的单调拉伸以及往复拉压行为的钢筋本构模型,如图 4.8 所示,该钢筋本构模型中包括弹性段、可调节的屈服平台段、应变硬化及强度退化段,经过与大量普通强度钢筋及屈服强度约 1 000 MPa 的高强度钢筋拉伸试验结果对比,验证了该模型的准确性。

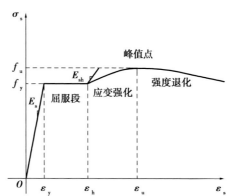

图 4.8　耗能钢筋的本构关系

Chang 与 Mander 钢筋本构数学表达式如下:

$$\sigma_s = \begin{cases} E_s \varepsilon_s & 0 \leqslant \varepsilon_s \leqslant \varepsilon_y \\ f_y & \varepsilon_y \leqslant \varepsilon_s \leqslant \varepsilon_{sh} \\ f_u - (f_u - f_y)\left|\dfrac{\varepsilon_{su} - \varepsilon_s}{\varepsilon_{su} - \varepsilon_{sh}}\right|^p & \varepsilon_s > \varepsilon_{sh} \end{cases} \tag{4.18}$$

$$p = E_{sh} \frac{\varepsilon_{su} - \varepsilon_{sh}}{f_u - f_y} \qquad (4.19)$$

式中　E_s，E_{sh}——弹性模量和初始硬化模量；

　　　f_y，f_u——钢筋屈服强度和峰值强度；

　　　ε_y，ε_{sh}——屈服应变、初始硬化应变及峰值应变。

在应用上述本构时，初始硬化应变 $\varepsilon_{sh} = 3\varepsilon_y$；初始硬化模量 $E_{sh} = 0.01E_s$；对于 HRB400 耗能钢筋，其屈服强度 $f_y = 400$ MPa，峰值强度 $f_u = 540$ MPa。

4.2.5　预应力钢筋本构关系

预应力钢筋采用完全弹塑性材料进行模拟，可等同认为预应力钢筋在达到屈服条件前为完全弹性材料，在屈服后为完全塑性材料。预应力钢筋的本构关系采用修正的 Giuffré-Menegotto-Pinto 钢筋本构模型，其初始预应力可通过添加初应变或者初应力的方式来实现。本书中采用添加初应变的方式来模拟预应力钢筋的初始张拉力，其应力-应变关系如图 4.9 所示。

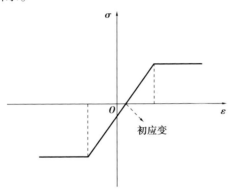

图 4.9　预应力钢筋应力-应变关系

4.3　纤维模型建立

基于上述各材料的本构模型，利用 OpenSees 开源平台分别建立了 P-STC，P-RC 和 P-CFT 3 类桥墩纤维数值有限元分析模型，对比分析 3 类桥墩结构形式的抗震性能。同时为了进一步探寻影响 P-STC 抗震性能的关键因素，通过改变模型墩柱的轴压比、预应力钢筋配筋率、耗能钢筋配筋率以及钢管壁厚率等设计参数，研究分析各设计参数的影响规律。

首先分别建立了 P-STC,P-RC 和 P-CFT 3 类桥墩的单墩模型,3 种结构形式桥墩基本参数见表4.3。3 种桥墩形式的高度均为 15 m,直径为 2.5 m。其中,P-STC 桥墩模型的钢管壁厚为 28 mm,预应力钢筋配筋率为 0.6%,耗能钢筋配筋率为 1.2%;P-RC桥墩模型的保护层厚度为 70 mm,预应力钢筋配筋率为 0.6%,耗能钢筋配筋率为1.2%;P-CFT 桥墩模型的预应力钢筋配筋率为 0.6%,由于其桥墩无耗能钢筋设置,故为了保持模型参数一致,使得钢管截面面积与整体截面面积比率与 P-STC 和 P-RC 的耗能钢筋配筋率相等,取其钢管壁厚为 32 mm。钢管所用材料均为 Q345 低合金结构钢。

表 4.3 钢管混凝土桥墩试件基本参数

试件编号	钢 管			预应力钢筋配筋率/%	耗能配筋率/%
	直径 D/m	高度 L/m	壁厚或保护层厚度 t/mm		
P-STC	2.5	15	28	0.6	1.2
P-RC	2.5	15	70	0.6	1.2
P-CFT	2.5	15	32	0.6	—

针对约束混凝土本构关系,P-RC 和 P-STC 采用 Mander 约束混凝土模型,P-CFT采用韩林海约束混凝土模型。预应力钢筋采用 Giuffré-Menegotto-Pinto 钢筋本构模型。其中,预应力钢筋通过设置初始应变给结构施加预应力。耗能钢筋本构关系采用Chang 与 Mander 钢筋本构模型。

基于 OpenSees 建立的 P-STC、P-RC 和 P-CFT 纤维模型,如图 4.10 所示。为了简化模型,在墩顶节点处通过施加集中质量来模拟恒载。对于 P-STC 模型,由于钢管在墩底横向断开,钢管基本不参与桥墩纵向受力,墩身通过耗能钢筋与承台连接,其分析模型与 P-RC 类似,如图 4.10(a)所示,墩身采用非线性梁单元模拟;对于墩底接缝区域该模型采用建立基于位移的梁柱单元进行模拟,该单元应力应变仅考虑其受压状态,不考虑受拉状态,可充分模拟实际受力状态下接缝的张开情况。对于 P-CFT 模型,由于钢管混凝土结构伸入基础内部,墩底与基础表面未断开,故其模型如图 4.10(b)所示,墩身采用非线性梁单元模拟,墩底固结。P-STC,P-RC 和P-CFT模型纤维截面如图 4.11 所示。钢筋、钢材和预应力钢筋以及混凝土材料特性分别见表 4.4 和表 4.5。

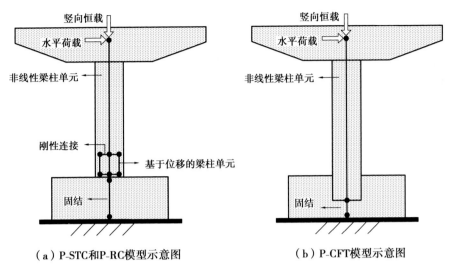

（a）P-STC和P-RC模型示意图　　　　（b）P-CFT模型示意图

图 4.10　单墩有限元模型

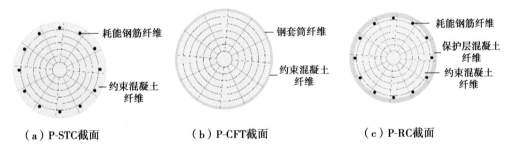

（a）P-STC截面　　　　（b）P-CFT截面　　　　（c）P-RC截面

图 4.11　模型纤维截面图

表 4.4　钢筋、钢材和预应力钢筋材料特性

类　型	弹性模量/GPa	屈服应力/MPa	刚度比	硬化指数
钢筋	200	450	0.005	0.002
钢材	200	450	0.005	0.002
预应力钢筋	195	1 080	0.005	0.002

表 4.5　核心混凝土材料特性

混凝土约束类型	弹性模量/GPa	抗压强度/MPa	极限强度/MPa	峰值应变	极限应变
P-CFT	32.5	36.9	34.1	0.003 2	0.014 7
P-STC	32.5	75.3	67.6	0.009 7	0.024 8
P-RC	32.5	57.0	34.5	0.003 1	0.012 8

4.4 桥墩滞回耗能特性分析

4.4.1 3种类型桥墩滞回耗能特性的比较

1) 滞回曲线

结构在低周期反复荷载作用下的力-位移滞回曲线是其恢复力变化特征曲线,反映结构的综合抗震性能,也是分析结构抗震性能量化指标的基础。滞回曲线表征了结构的总体抗震性能,根据结构的滞回曲线能够反映出该结构在循环受力过程中刚度的退化、强度的退化、能量的消耗以及变形情况。通常结构的滞回曲线越饱满,即每一圈滞回曲线包围的面积就越大,结构通过自身消耗地震能量的能力也越大。

桥墩构件进行拟静力分析的加载制度采用变幅位移控制的加载方式,位移幅值分别为±0.007 5,0.015,0.022 5,0.03,0.045,0.06,0.075,0.09,0.105,0.12,0.15,0.18,0.225,0.3,0.375,0.45,0.6,0.75,0.8 m,其相应漂移率分别为±0.05%,0.10%,0.15%,0.20%,0.30%,0.40%,0.50%,0.60%,0.70%,0.80%,1.00%,1.20%,1.50%,2.00%,2.50%,3.00%,4.00%和5.00%。

通过拟静力分析方法得到P-STC,P-RC和P-CFT的滞回曲线,如图4.12和图4.13所示。通过对滞回曲线的分析可知,P-CFT桥墩试件的极限荷载最大,其次为P-STC和P-RC试件;P-CFT桥墩试件的初始刚度最大,P-STC试件初始刚度次之,而P-RC试件则最小。由于结构自重和预应力效应,在自恢复力作用下3类模型的滞回模型均存在明显的"捏拢"效应,均属于自恢复结构,其对应的滞回曲线模型符合旗帜型滞回模型的特点。

通过对比分析P-STC和P-RC的滞回曲线可知,在加载初期,两个试件滞回曲线均基本呈一直线状态,基本无残余变形,刚度也无明显变化,试件P-STC和试件P-RC都处于弹性阶段;而试件P-STC的力-位移曲线斜率比试件P-RC斜率略大,其初始刚度更大。随着荷载的增加,两个试件的滞回曲线变为曲线,滞回环面积逐渐增大,承载能力保持稳定地增加,P-STC的承载能力比P-RC试件略大;同时构件刚度开始出现下降,具有明显的强化段;水平荷载卸载时,桥墩出现残余变形。在相同的目标位移下,P-STC试件残余位移小于P-RC,表明P-STC拥有更好的自复位特性。

通过对比分析P-STC和P-CFT的滞回曲线可知,在加载初期,两个试件滞回曲线均基本呈一直线状态,基本无残余变形,刚度也无明显变化,试件P-STC和试件P-CFT

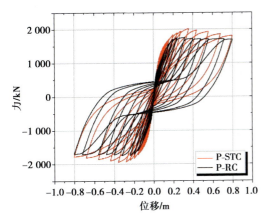

图 4.12　P-STC 与 P-RC 滞回曲线对比图

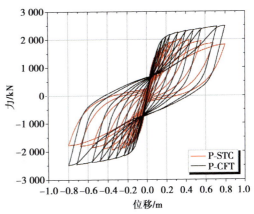

图 4.13　P-STC 与 P-CFT 滞回曲线对比图

都处于弹性阶段；而试件 P-CFT 的力-位移曲线斜率比试件 P-STC 斜率略大，其初始刚度更大。随着荷载的增加，两个试件的滞回曲线变为曲线，滞回环面积逐渐增大，承载能力保持稳定地增加，P-CFT 的承载能力比 P-STC 试件略大；同时构件刚度开始出现下降，具有明显的强化段；水平荷载卸载时，桥墩出现残余变形。在相同的目标位移下，P-STC 试件残余位移小于 P-CFT，表明 P-STC 拥有更好的自复位特性。

2) 延性与耗能能力

延性是组成结构的材料、组成结构的构件以及结构本身抗震能力强弱的重要标志，可以衡量构件或结构在初始抗力未产生明显退化的情况下的结构自身的非弹性变形能力。在评价结构或试件的延性性能时，需要使用度量延性的量化指标，通常可采用曲率延性系数以及位移延性系数。对于截面来说，曲率延性系数能很好地表征截面的延性，而对于整个构件或结构来说，由于曲率沿墩高的不断变化，通常使用位移延性系数来表征更合理，其具体表述为：

$$\mu_{d} = \frac{d_{u}}{d_{ye}} \tag{4.20}$$

在式(2.14)中，d_u 和 d_{ye} 分别表示桥墩的极限位移和屈服位移。对于钢管混凝土构件，其荷载—位移曲线(P-Δ)没有明显的屈服点和破坏点，在对计算结果进行分析时，首先对试件正负两个方向的骨架曲线通过平均化处理得到单向骨架曲线。试件的极限位移定义为试件的水平力下降至最大值的 80% 时的墩顶位移。本书采用等能量法估算试件的等效屈服位移，其基本原理如图 4.14 所示，先从峰值点 C 作水平线，再从原点 O 点作直线与 C 点平行线相较于 B 点，并使得线段 OA 与骨架曲线围成的面积 S_1 与线段 AB、线段 BC 和骨架曲线围成的面积 S_2 相等，此时 B 点横坐标 d_y 为试件的屈服位移，且取峰值点 C 水平力 P_m 下降至其值 80% 点 U 所对应的位移为极限位移 d_u。

结构耗能能力是表征和衡量结构自身抗震性能的一个重要指标，即结构在弹塑性变形过程中自身耗散能量的能力；结构耗能能力越强，说明结构在地震过程中所能耗散的地震能量也就越多,对结构的抗震性能和安全性也就越有利。用于表征结构耗能能力的指标较多,通常可采用滞回耗能来评价试验试件的耗能能力。滞回耗能可取值构件或结构在不同循环水平下滞回环所围的面积,对试件滞回曲线进行积分即得到构件在不同时刻的累积滞回耗能,其公式为:

$$E = \int_0^t F(u) \, \mathrm{d}u \tag{4.21}$$

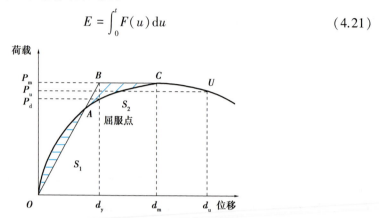

图 4.14 钢管混凝土屈服状态定义

残余变形是指结构构件先加载再卸载至荷载为零后,过程中所产生的不可恢复的塑性变形。拟静力残余位移 Δ_{res} 可定义为当构件侧向位移达到拟静力试验最大位移后,再卸载归零时所对应的墩顶侧向位移。对于桥墩结构而言,主要表现为墩底残余转角或墩顶残余位移。在拟静力的力-位移滞回曲线上可取值为卸载段曲线与 x 轴的交点,即荷载卸载归零时墩顶产生的塑性变形。残余变形是评价桥梁地震后使用性能的主要指标,它也是衡量桥墩自复位性能的主要指标。

无黏结预应力钢筋混凝土预制拼装桥墩、无黏结预应力钢管混凝土预制拼装桥墩、无黏结预应力普通钢管混凝土预制拼装桥墩的承载力、位移延性系数、耗能能力和残余位移计算结果见表4.6。从表中可以看出,试件的屈服位移相差不大,但 P-RC 的位移延性系数和耗能能力最小,P-CFT 次之,P-STC 最大,表明 P-STC 构造能够增强桥墩的延性和耗能能力,但残余位移相较于 P-CFT 略大。

表 4.6 试件的抗震性能评价表

试件编号	屈服荷载		极限荷载		位移延性系数	耗能能力（Drift＝3%）	残余位移（Drift＝3%）
	Δ_y/m	F_y/kN	Δ_u/m	F_u/kN	μ_Δ	E_D/(kN·m)	Δ_{res}/m
P-STC	0.123	1 532.1	0.803	2 008.3	6.528	20.932	0.231
P-RC	0.112	1 353.1	0.698	1 789.2	6.232	17.531	0.501
P-CFT	0.125	1 721.3	0.593	2 487.3	4.741	14.652	0.431

对以上 3 种类型桥墩的滞回曲线、延性能力和位移响应等分析后发现：由于 P-CFT 的钢管截面积占比最大，其极限水平力也相应最大；P-STC 的耗能能力最强，位移延性系数最大，残余位移小于 P-RC 和 P-CFT。

4.4.2　无黏结预应力钢管混凝土桥墩参数分析

为进一步分析 P-STC 设计参数对其抗震性能的影响，本节在前述 P-STC 桥墩的纤维有限元模型的基础上，通过参数敏感性分析研究预应力轴压比、预应力钢筋配筋率、钢管壁厚以及耗能钢筋配筋率等主要参数变化对 P-STC 抗震性能的影响。

1）预应力轴压比的影响

设定 P-STC 的预应力轴压比为 $n = N/N_0$，其中，N 为预应力产生的竖向压力值，$N_0 = f_{ck} A_c$ 为试件名义抗压强度，f_{ck} 为考虑钢管套箍效应的混凝土轴心抗压强度标准值，A_c 为墩身混凝土截面积。改变 P-STC 的预应力轴压比 n 为 5%，10%，15%。在其他参数相同的情况下，对不同预应力轴压比的 P-STC 进行拟静力分析，其滞回曲线、骨架曲线的有限元分析结果如图 4.15 所示，其强度、变形与耗能等抗震性能见表 4.7。从表中可以看出，不同轴压比下，滞回曲线形态相同；在加载初期，各构件初始刚度基本相等，滞回曲线基本重合成一直线，刚度无明显变化，但随着轴压比的提高，构件屈服力逐渐增大；达到屈服后，骨架曲线基本平行，屈后刚度基本相等；轴压比越大的构件，极限荷载、等效刚度和卸载刚度都越大，极限位移和位移延性系数却越小；随着预应力轴压比的增加，残余位移逐渐减小。

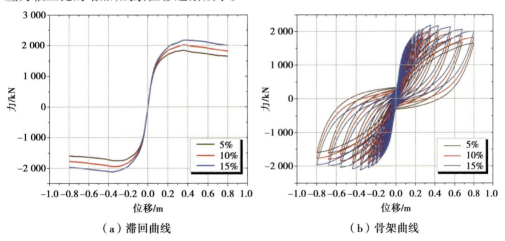

（a）滞回曲线　　　　　　　　　　　　（b）骨架曲线

图 4.15　预应力轴压比的影响

表 4.7　不同预应力轴压比下各构件的抗震性能指标

预应力 轴压比/%	屈服荷载		极限荷载		位移延 性系数	耗能能力 （Drift = 3%）	残余位移 （Drift = 3%）
	Δ_y/m	F_y/kN	Δ_u/m	F_u/kN	μ_Δ	E_D/(kN·m)	Δ_{res}/m
5	0.112	1 353.1	0.698	1 789.2	6.232	17.531	0.501
10	0.125	1 721.3	0.593	2 487.3	4.741	14.652	0.431
15	0.123	1 532.1	0.803	2 008.3	6.528	20.932	0.231

2）钢管壁厚的影响

改变 P-STC 的钢管壁厚为 24,28,32 和 36 mm,保持其他设计参数相同的情况下,对不同钢管壁厚的 P-STC 构件进行拟静力分析,其滞回曲线、骨架曲线的有限元分析结果如图 4.16 所示,其强度、变形与耗能等抗震性能见表 4.8。从表中可以看出,不同钢管壁厚下,构件滞回形态基本相同,均呈旗帜形,具有很强的自复位能力。钢管管壁对构件极限位移、极限承载力以及位移延性系数、残余位移的影响较小。因此,对于 P-STC 钢管壁厚不宜太厚,钢管壁厚对桥墩抗震滞回耗能以及自复位效果影响较为不敏感。

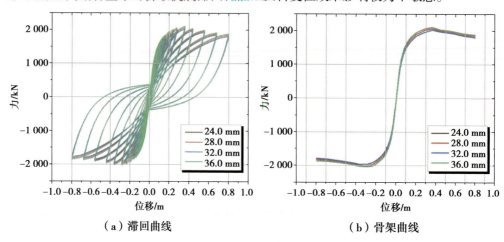

（a）滞回曲线　　　　　　（b）骨架曲线

图 4.16　钢管壁厚的影响

表 4.8　不同钢管壁厚下各构件的抗震性能指标

钢管壁厚 /mm	屈服荷载		极限荷载		位移延 性系数	耗能能力 （Drift = 3%）	残余位移 （Drift = 3%）
	Δ_y/m	F_y/kN	Δ_u/m	F_u/kN	μ_Δ	E_D/(kN·m)	Δ_{res}/m
24	0.122	1 526.2	0.792	2 012.3	6.491	19.867	0.230

续表

钢管壁厚 /mm	屈服荷载		极限荷载		位移延性系数	耗能能力（Drift = 3%）	残余位移（Drift = 3%）
	Δ_y/m	F_y/kN	Δ_u/m	F_u/kN	μ_Δ	E_D/(kN·m)	Δ_{res}/m
28	0.123	1 532.1	0.803	2 008.3	6.528	20.932	0.231
32	0.123	1 539.2	0.804	2 013.4	6.536	21.686	0.231
36	0.124	1 548.5	0.812	2 021.5	6.548	22.774	0.233

3）预应力钢筋配筋率的影响

改变 P-STC 的预应力钢筋配筋率为 0.6%，1.2%，1.8%，在其他参数相同的情况下，对不同预应力钢筋配筋率的 P-STC 构件进行拟静力分析，其滞回曲线、骨架曲线的有限元分析结果如图 4.17 所示，其强度、变形和耗能等抗震性能见表 4.9。从表中可以看出，在不同预应力钢筋配筋率下，滞回曲线形态相同；在加载初期，各构件初始刚度基本相等，滞回曲线基本重合成一条直线，刚度无明显变化，且几乎在同一位移下屈服；屈服后，预应力钢筋配筋率越高，各构件屈后刚度越大。虽然预应力钢筋配筋率的变化对构件的屈服位移、屈服力和极限承载力有一定的影响，但其影响均不大。随着预应力钢筋配筋率的增大，构件极限位移和位移延性系数都减小。试件耗能能力、残余位移对预应力钢筋配筋率的变化不太敏感。

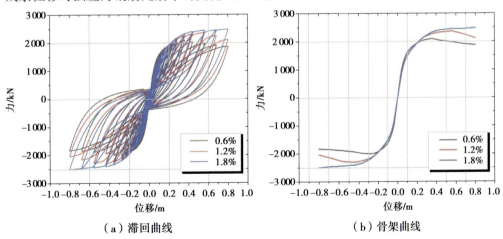

（a）滞回曲线　　　　　　　　　　　（b）骨架曲线

图 4.17　预应力钢筋配筋率的影响

表 4.9　不同预应力钢筋配筋率下各构件的抗震性能指标

预应力钢筋配筋率/%	屈服荷载		极限荷载		位移延性系数	耗能能力（Drift = 3%）	残余位移（Drift = 3%）
	Δ_y/m	F_y/kN	Δ_u/m	F_u/kN	μ_Δ	$E_D/(kN \cdot m)$	Δ_{res}/m
0.6	0.123	1 532.1	0.803	2 008.3	6.528	20.932	0.231
1.2	0.125	1 596.1	0.808	2 108.2	6.464	20.862	0.221
1.8	0.127	1 667.1	0.812	2 235.1	6.448	20.786	0.215

4) 耗能钢筋配筋率的影响

改变 P-STC 的耗能钢筋配筋率为 0.6%, 1.2% 和 1.8%, 在其他参数相同的情况下, 对不同耗能钢筋配筋率的 P-STC 构件进行拟静力分析, 其滞回曲线、骨架曲线的有限元分析结果如图 4.18 所示, 其强度、变形与耗能等抗震性能见表 4.10。从表中可以看出, 随着耗能钢筋配筋率的增大, 各构件滞回曲线形态相同, 但耗能能力不断增加, 滞回曲线均呈旗帜形。在加载初期, 各构件初始刚度基本相等, 滞回曲线基本重合成一直线, 刚度无明显变化, 且几乎在同一位移下屈服; 屈服后, 耗能钢筋配筋率越高, 构件的屈后刚度越大。随着耗能钢筋配筋率的增大, 构件的极限承载力增大, 相应地, 耗能能力增加, 桥墩的自复位性能降低。可见, 在钢管混凝土桥墩中增设耗能钢筋能增加桥墩的耗能能力, 但同时增大了残余位移。

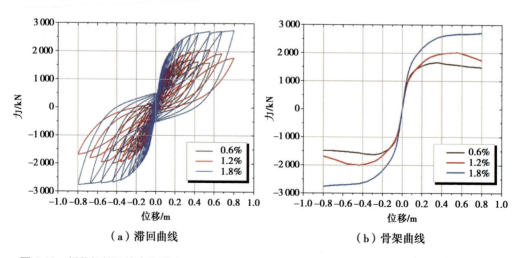

（a）滞回曲线　　　　　　　　　（b）骨架曲线

图 4.18　耗能钢筋配筋率的影响

表 4.10　不同耗能钢筋配筋率下各构件的抗震性能指标

耗能钢筋配筋率/%	屈服荷载		极限荷载		位移延性系数	耗能能力（Drift = 3%）	残余位移（Drift = 3%）
	Δ_y/m	F_y/kN	Δ_u/m	F_u/kN	μ_Δ	E_D/(kN·m)	Δ_{res}/m
0.6	0.103	1 125.2	0.532	1 463.572	5.165	16.786	0.103
1.2	0.123	1 532.1	0.803	2 008.3	6.528	20.932	0.231
1.8	0.129	1 932.2	0.981	2 832.4	7.605	23.667	0.387

　　从上述参数分析可以看出,对于 P-STC 构造,改变预应力钢筋配筋率、钢管壁厚对抗震参数的影响较小,改变其预应力轴压比和耗能钢筋配筋率对抗震参数的影响较大,主要因为 P-STC 属于自复位结构体系,预应力轴压比的大小会对结构的自复位性能产生显著影响;耗能钢筋能在增加桥墩的耗能能力的同时增大了残余位移。

4.5　总　结

　　本章首先总结了钢管混凝土结构的受力特点,设计了典型的无黏结预应力约束钢管混凝土预制拼装桥墩构造(P-STC),作为对比介绍了无黏结预应力普通钢管混凝土预制拼装桥墩构造(P-CFT)和无黏结预应力钢筋混凝土预制拼装桥墩构造(P-RC);然后基于弹塑性纤维梁单元建立了 3 种桥墩形式的纤维单墩模型,对比分析了 3 种桥墩形式的滞回耗能特性,并对 P-STC 纤维模型进行参数分析,主要结论如下:

　　①相较于普通钢管混凝土结构,钢管约束混凝土结构的钢管只对混凝土起约束作用,不参与纵向受力,钢管与混凝土之间的受力更为简单明了,减小了墩柱钢管的屈曲现象。钢管约束混凝土桥墩构造处理简单,便于拼装工艺实施,适合桥墩预制拼装技术发展的需要,可作为本书无黏结预应力钢管混凝土预制拼装桥墩的主要结构。

　　②3 种结构形式的桥墩在预应力作用下均为自复位结构,其滞回曲线均为旗帜形,其中,P-CFT 桥墩的初始刚度与极限荷载均最大;而 P-STC 和 P-RC 桥墩均有较好的耗能能力;P-STC 桥墩的自恢复性能优于 P-RC 和 P-CFT 桥墩。

　　③预应力配筋率和钢管壁厚对 P-STC 桥墩抗震性能参数的影响较小。预应力轴压比和耗能钢筋配筋率为影响 P-STC 墩柱自复位性能的两个重要因素;增大预应力轴压比可减小 P-STC 桥墩的残余位移,增强其自复位性能;增大耗能钢筋的配筋率,P-STC桥墩的耗能能力得到有效增强,但同时也会增加其残余位移。

第5章　基于自恢复的城市高架桥梁试验研究

5.1　概　述

第2章以典型的无黏结预应力钢管混凝土预制拼装桥墩(P-STC)为背景,建立了纤维有限元单墩模型,对 P-STC 桥墩的抗震性能进行了对比研究和参数分析。本章将主要开展无黏结预应力钢管混凝土预制拼装桥墩的拟静力试验设计工作,通过试验进一步探寻自复位形式下 P-STC 的抗震性能。

本章共设计制作了8个缩尺桥墩试件,其中,6个 P-STC 试件、1个 P-CFT 对比试件和1个 P-RC 试件。本章主要内容由以下部分组成:

①拟静力试验的设计与模型制作安装过程;
②材料性能试验测试;
③试验加载方案与量测内容设置。

5.1.1　试验试件设计

本试验选取某实桥典型桥墩(桥墩高为8.3 m,直径为2.1 m,墩底轴压比为0.07)为原型,取缩尺比为1/4.75,拟静力试验试件各主要参数相似比见表5.1。

表5.1　拟静力试验试件各主要参数相似比

主要参数	几何尺寸	位移	弹性模量	应力	应变	力	弯矩	刚度
相似比	1/4.75	1/4.75	1	1	1	$1/4.75^2$	$1/4.75^3$	1/4.75

考虑墩底不同接缝形式、钢管壁厚和体外预应力钢筋配筋率等参数,设计和制作了 6 个 P-STC 试件和 2 个对比试件(1 个 P-CFT 试件和 1 个 P-RC 试件),共 8 个缩尺模型试件,8 个桥墩试件具体参数信息详见表 5.2。模型试件构造如图 5.1 至图 5.3 所示,模型配筋图如图 5.4 至图 5.6 所示。各试件模型尺寸一致,立柱高 1.75 m,立柱为直径0.44 m的圆形截面,恒载轴压比均为 7%,为使作动器加载方便,设置了加载横梁,尺寸为 2.2 m×0.74 m×0.5 m,试验底座按照能力保护构件设计,底座尺寸为 1.76 m×1.16 m×0.6 m。

表 5.2　试件主要设计参数信息表

试件序号	桥墩类型	耗能钢筋类型	耗能钢筋根数/根	耗能钢筋直径/mm	耗能钢筋配筋率/%	预应力轴压比/%
1	P-RC	HRB400	12	14	1.2	10
2	P-STC	HRB400	6	14	0.6	10
3	P-STC	HRB400	12	14	1.2	10
4	P-STC	HRB400	18	14	1.8	10
5	P-STC	HRB400	12	14	1.2	5
6	P-STC	HRB400	12	14	1.2	15
7	P-STC	HRB400	22	18	3.6	10
8	P-CFT	HRB400	—	—	3.6	10

6 个 P-STC 桥墩模型试件的主要变化参数为:耗能钢筋的配筋率(分别为 0.6%,1.2%,1.8%和 3.6%)和预应力轴压比(分别为 5%,10%和 15%)。P-STC 模型试件在墩底位置与承台断开形成摇摆式构造,允许桥墩发生一定范围内的摇摆;墩柱中心位置预留孔道,设置一根 ϕ^T50 精轧螺纹钢筋作为预应力钢筋贯穿整个结构,分别锚固在横梁顶部和承台底部,耗能钢筋采用灌浆波纹管与承台连接,波纹管灌浆采用高强套筒灌浆料,为了避免耗能钢筋在接缝处应力集中,耗能钢筋在接缝一定范围内采用无黏结构造,通过计算确定耗能钢筋无黏结段距离为 200 mm;同时,根据混凝土结构设计规范确定耗能钢筋在波纹管中的锚固长度为 550 mm。

P-RC 试件墩身为钢筋混凝土,与 P-STC 试件类似,在墩底位置与承台断开形成摇摆式构造;箍筋采用直径 8 mm、间距 60 mm 的 HRB400 螺旋钢筋,对应体积配箍率为 0.47%,墩柱采用 C50 混凝土;墩身设置贯穿墩柱的 12 根直径 14 mm 的 HRB400 纵向带肋钢筋,使得其既作为纵向受力筋,又作为耗能钢筋,且同样在墩底位置设置 200 mm长的无黏结段,波纹管灌浆锚固长度为 550 mm,对应截面配筋率为 1.2%;预应力钢筋同样采用 ϕ^T50 精轧螺纹钢筋,预应力轴压比为 10%。

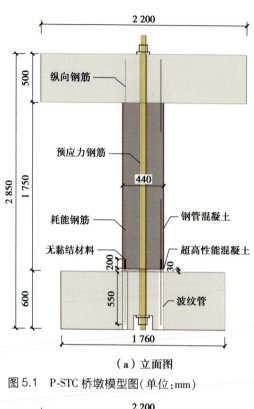

（a）立面图 （b）侧视图

图 5.1 P-STC 桥墩模型图（单位:mm）

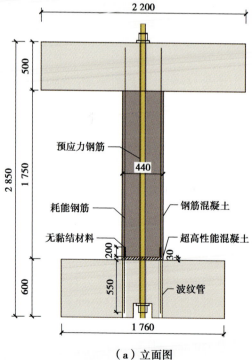

（a）立面图 （b）侧视图

图 5.2 P-RC 桥墩模型图（单位:mm）

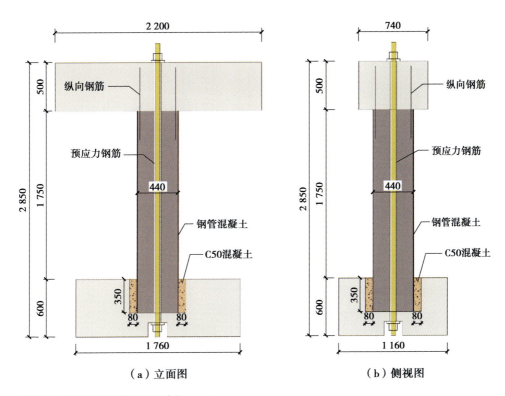

（a）立面图　　　　　　　　　　　　　　（b）侧视图

图 5.3　P-CFT 桥墩模型图(单位:mm)

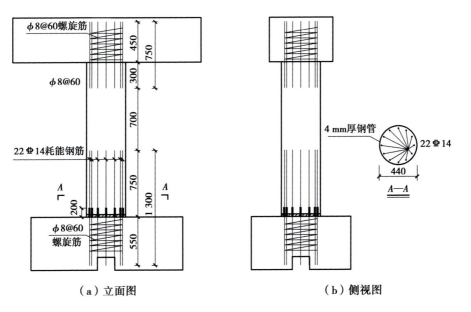

（a）立面图　　　　　　　　　　　　　　（b）侧视图

图 5.4　P-STC 桥墩模型配筋图(单位:mm)

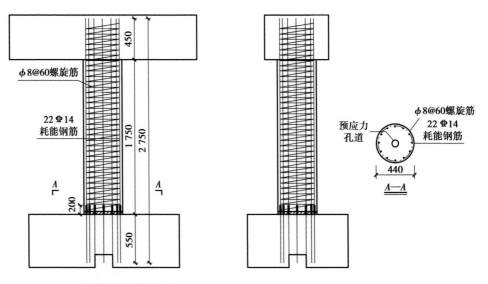

图 5.5　P-RC 桥墩模型配筋图(单位:mm)

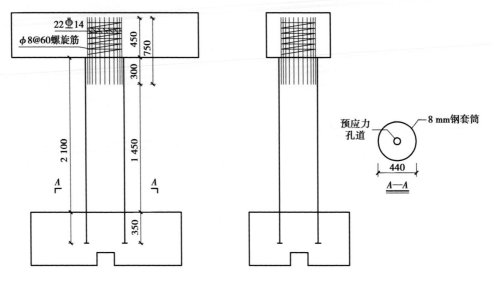

图 5.6　P-CFT 桥墩模型图(单位:mm)

　　与 P-STC 和 P-RC 自复位摇摆构造不同,P-CFT 试件钢管混凝土直接插入承台形成承插式构造,伸入长度为 0.55 m;钢管截面对应的等效纵筋配筋率为 3.6%;内部同样设置预应力钢筋,采用 ϕ^T50 精轧螺纹钢筋,预应力轴压比为 10%。钢管所用材料均为 Q345 低合金结构钢。

　　为了便于预制墩底找平,提高安装精度,在 P-STC 和 P-RC 试件底部均设置一层 3 cm厚的 UHPC 坐垫层,细部构造如图 5.7 所示。

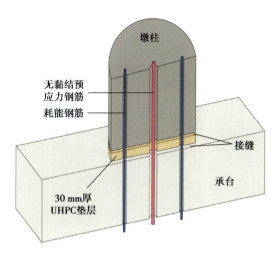

图 5.7　P-STC 和 P-RC 墩底接缝细部构造图

5.1.2　模型制作

结构模型的施工质量在很大程度上影响着模型结构能否反映原型结构的力学特性,因此需要合理规划施工流程,提高施工精度。模型制作按照国家规范《混凝土结构工程施工规范》(GB 50666—2011)对施工工艺技术和质量进行严格把控。

根据模型试件的工程数量表对钢筋进行下料,并按照设计图纸完成承台、立柱和横梁的钢筋笼绑扎。在进行钢筋下料的同时,还需分别预留 3 根长约 30 cm、直径 14 mm 和 18 mm 的 HRB400 钢筋(模型立柱耗能钢筋形式)进行钢筋拉伸材料性能实验,承台绑扎钢筋笼及立模过程如图 5.8 所示。

（a）P-RC和P-STC底座　　　　　　　　　　　（b）P-CFT底座

图 5.8　承台绑扎钢筋笼及立模

由于本次试验为预制拼装构件,需先将 P-RC 试件立柱和横梁用钢筋绑扎在一起,如图5.9所示。P-STC和P-CFT试件需先将钢套筒立柱与横梁钢筋定位,同时将P-STC试件耗能钢筋用模板定位,施工过程如图5.10所示。

（a）P-CFT试件　　　　　（b）P-STC试件

图5.9　P-RC试件立柱和横梁　　图5.10　试件钢套筒立柱及耗能钢筋定位
　　　　绑扎钢筋笼

立柱及耗能钢筋定位完成后,浇筑C50混凝土。首先将立柱和横梁浇筑成一个整体,然后单独浇筑承台,并保留9个混凝土试块,浇筑过程如图5.11、图5.12所示。

（a）横梁浇筑　　　　　　　　　　　（b）立柱浇筑

图5.11　P-STC,P-RC试件墩柱和横梁浇筑C50混凝土

5.1.3　试验模型的拼装

混凝土浇筑完成后,待每个预制构件养护至设计强度80%后,再将预制构件逐个移至试验室内。本次试验P-STC和P-RC试件采用倒立式拼装,需将横梁与立柱旋转180°,承台从上面落下完成安装,拼装过程如图5.13所示。

由于立柱与承台之间设置3 cm厚的超高性能混凝土(UHPC)坐垫层,则首先应浇筑坐垫层,浇筑完成后不等坐垫层完全硬化立即进行倒立式安装,坐垫层制作过程如图 5.14 所示。

（a）P-STC底座

（b）P-CFT底座

图 5.12　底座浇筑 C50 混凝土

（a）搭设脚手架

（b）拼装

图 5.13　搭设脚手架倒立式拼装

（a）搅拌UHPC

（b）坐垫层灌浆

图 5.14　搅拌超高性能混凝土 UHPC 及制作坐垫层

P-STC 和 P-RC 试件拼装完成后,待坐垫层 UHPC 达到 80%的设计强度后,对承台波纹管进行灌浆,由于高强套筒灌浆料流动性极好,故使用自流方法完成灌浆,并保留 3 个 UHPC 试块,灌浆过程如图 5.15 所示。

图 5.15 波纹管灌浆

P-CFT 试件采用正常拼装方法,将钢套筒立柱嵌入部分与承台空隙处浇筑 C50 混凝土,并保留 3 个混凝土试块,浇筑过程如图 5.16 所示。

（a）拼装　　　　　　　　　　　　　（b）填充C50混凝土

图 5.16 P-CFT 试件拼装

由于预应力张拉过早损失较为严重,则预应力张拉的时间应控制在该试件试验 3 d 之内,张拉过程如图 5.17 所示。

（a）P-RC试件

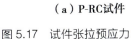

（b）P-STC和P-CFT试件

图 5.17　试件张拉预应力

5.2　材料性能试验

5.2.1　C50 混凝土性能试验

试件模型的横梁、立柱和底座以及 P-CFT 试件立柱与底座连接处灌浆均采用 C50 商品混凝土浇筑。本次试验的 8 个模型统一浇筑（除 P-CFT 试件拼装时立柱与底座连接处灌浆之外），浇筑时应分别预留 3 个 150 mm×150 mm×150 mm 的抗压强度标准试件和 3 个 150 mm×150 mm×450 mm 的弹性模量试件，在模型加载前，测量材料的立方体标准抗压强度和弹性模量，如图 5.18 所示。试验结果见表 5.3 至表 5.5,8 个模型统一浇筑的 C50 混凝土的抗压强度和弹性模量满足设计需求，但是 P-CFT 试件立柱与底座连接处灌浆的 C50 混凝土没有达到设计强度。这是灌浆空隙过小，混凝土现场采用小石子代替标准粒径的石子导致的 C50 混凝土强度略低。

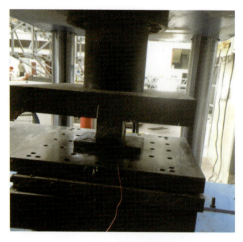 

（a）强度试验　　　　　　　　　　（b）弹性模量试验

图 5.18　C50 混凝土弹性模量及抗压强度性能试验

表 5.3　统一浇筑 C50 混凝土抗压强度值

试件编号	龄期/d	最大加载力/kN	抗压强度标准值/MPa
1	95	1 290	57.33
2	95	1 237	54.98
3	95	1 217	54.09
均值	95	1 248	55.47

表 5.4　统一浇筑 C50 混凝土抗压弹性模量

试件编号	龄期/d	最大加载力/kN	应变/με	弹性模量/GPa
1	95	100	291	34.3
2	95	100	274	36.4
3	95	100	299	33.4
均值	95	100	288	34.7

表 5.5　P-CFT 试件灌浆 C50 混凝土抗压强度值

试件编号	龄期/d	最大加载力/kN	抗压强度标准值/MPa
1	65	831	36.9
2	65	741	32.9
3	65	786	34.9
均值	65	786	34.9

5.2.2 UHPC 超高性能混凝土性能试验

试件立柱和底座连接处的坐垫层均采用抗压强度为 120 MPa 的 UHPC 超高性能混凝土,坐垫层厚度为 30 mm。浇筑时共计预留了 3 个 100 mm×100 mm×100 mm 的抗压强度试件,试验结果见表 5.6,UHPC 的抗压强度应满足设计需求。

表 5.6　UHPC 的抗压强度值

试件编号	龄期/d	最大加载力/kN	抗压强度标准值/MPa
1	65	1 084	108.4
2	65	1 317	131.7
3	65	1 251	125.1
均值	65	1 217.3	121.7

5.2.3 耗能钢筋拉伸性能试验

试件选取各试件相同批次 HRB400 的直径 14 mm 和 18 mm 钢筋,分别预留 3 根 30 cm 长的钢筋进行拉伸性能试验,如图 5.19 所示。试验结果见表 5.7 和表 5.8,测得试验数据应满足设计需求。

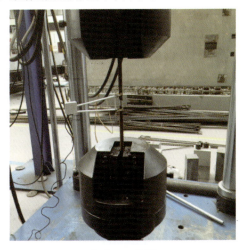

（a）φ14钢筋　　　　　　　　　　　　　　（b）φ18钢筋

图 5.19　钢筋拉伸性能试验

表 5.7　φ14 钢筋抗拉强度值

试件编号	屈服应力/MPa	极限应力/MPa	弹性模量/GPa
1	555	671	202
2	548	651	196
3	579	677	189
均值	560.7	666.3	195.6

表 5.8　φ18 钢筋抗拉强度值

试件编号	屈服应力/MPa	极限应力/MPa	弹性模量/GPa
1	506	693	220
2	511	698	204
3	501	685	225
均值	506	692	216.3

5.3　加载方案及测试方案

5.3.1　试验加载装置

模型试验主要装置设备如图 5.20 所示。

水平荷载加载方式:桥墩试验模型的上横梁通过 4 个预埋的 M32 螺栓与水平作动器直接相连。水平作动器系统使用北京佛力系统公司(FCS)生产的 500 kN/±500 mm 的电液伺服作动器。水平作动器的反力由实验室混凝土的反力墙承担。

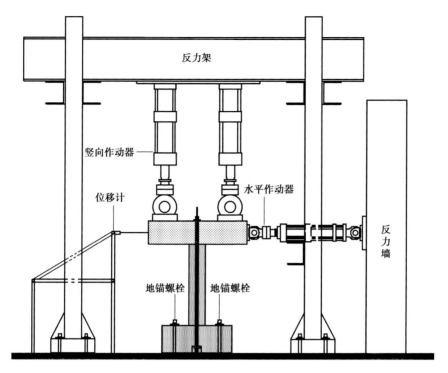

图 5.20　拟静力试验加载装置

竖向荷载加载方式：桥墩试验模型的竖向恒载通过两个竖向作动器对称同步施加在上横梁上，每个作动器施加的竖向力数值为 159 kN，一次性加载到位，过程中避开墩柱中间的预应力钢筋张拉空间以及锚固装置空间。竖向作动器系统使用北京富力通达科技有限公司(FTS)生产的 1 500 kN/±200 mm 的电液伺服作动器。上部反力架与竖向作动器之间安装水平滑槽，水平滑槽可以使竖向作动器随同上横梁同步滑动，从而确保施加的竖向荷载数值维持恒定且始终保持垂直向下作用。竖向作动器的反力由钢结构反力架承担。桥墩试验模型底部通过混凝土底座上的 4 个预埋地锚螺栓与实验室地面直接相连。

5.3.2　试验加载方案

对试件施加水平往复荷载，研究桥墩的力学性能，如图 5.21 所示。竖向加载位置、水平力的加载位置如图 5.22 所示。水平加载制度采用力-位移混合控制的加载方式，试件达到耗能钢筋屈服前采用力控制加载，屈服后采用位移控制加载，每级加载做3 次循环，直到水平作动器下降到最大作用力的 80% 停止加载，水平加载制度如图5.22所示。

（a）P-RC试件 （b）P-STC和P-CFT试件

图 5.21 试验实际加载模型

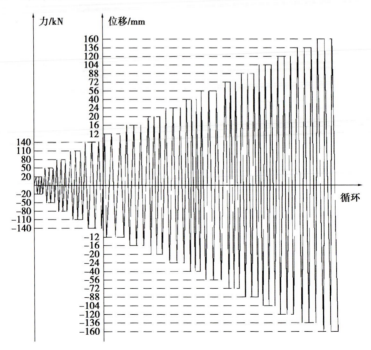

图 5.22 水平加载制度

5.4　试验量测内容

试验量测内容主要有水平和竖向作动器的力、墩顶位移、墩底塑性铰区域的曲率、立柱-底座连接区域的纵筋和箍筋应变、立柱-横梁连接区域的纵筋应变、无黏结预应力钢筋应变和钢管应变。

5.4.1　作动器的力

在试验中,水平作动器的拉力和推力通过佛力公司的数据采集系统得到,采集频率为 5 Hz。竖向作动器施加的压力通过富力通达公司的数据采集系统得到,采集频率为 1 Hz。

5.4.2　墩顶位移

墩顶位移采用拉线式位移计量测,位移计的拉线与模型横梁截面中心相连。拉线式位移计的量程为±500 mm。其数据通过美国国家仪器有限公司开发的 NI 多功能数据采集系统得到,采集频率为 5 Hz。

5.4.3　墩底曲率

为了获得试件墩底曲率的变化规律,在立柱的底部每隔 120 mm 设置预埋金属杆并安装触杆式位移计,如图 5.23 所示。触杆式位移计的量程为±50 mm。通过测量两个金属杆的相对位移从而计算得到这段立柱的平均应变,进而计算得到墩底曲率。试件曲率计算简图如图 5.24 所示。

在图 5.24 中,桥墩两侧预埋金属杆的初始间距分别为 d_1 和 d_2(在设计时 $d_1=d_2=$ 120 mm,但在施工时 d_1 和 d_2 的数值会存在误差)。两个触杆式位移计到桥墩表面距离分别为 h_1 和 h_2;在桥墩往复推拉时,左右两侧的触杆式位移计变化值为 Δd_1 和 Δd_2。该桥墩节段内的平均曲率按式(5.1)进行计算:

$$\varphi = \frac{\dfrac{\Delta d_1}{d_1} - \dfrac{\Delta d_2}{d_2}}{h + h_1 + h_2} \tag{5.1}$$

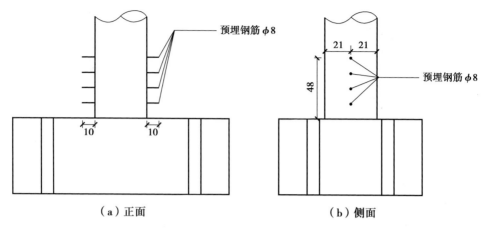

图 5.23　拉线式位移计布置及曲率测量定位钢筋布置图(单位:cm)

5.4.4　钢筋及钢管应变

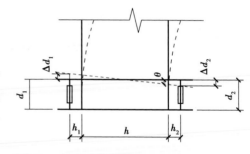

图 5.24　曲率计算示意图

钢筋和钢套筒应变分别采用钢筋表面粘贴的应变片、钢管表面粘贴应变花进行测量,在制作模型时已将应变片贴在钢筋及钢管上,应变片和应变花的粘贴布置如图 5.25 至图 5.28 所示。在截面每个正方向的每根纵筋底部区域布置 4 个应变片。为了研究 P-RC 墩底箍筋的约束受力情况,墩底箍筋在加载方向上也布置了应变片;由于 P-STC 和 P-CFT 没有箍筋,故在墩底钢管处布置了应变花。同时,在每根精轧螺纹钢筋处布置 3 个应变片。

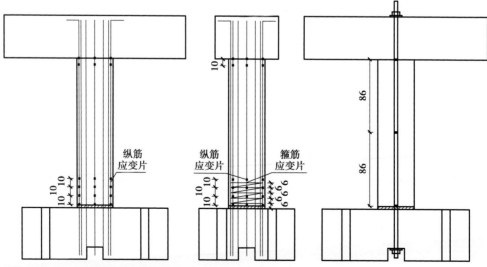

图 5.25　P-RC 桥墩应变片布置总体图(单位:cm)

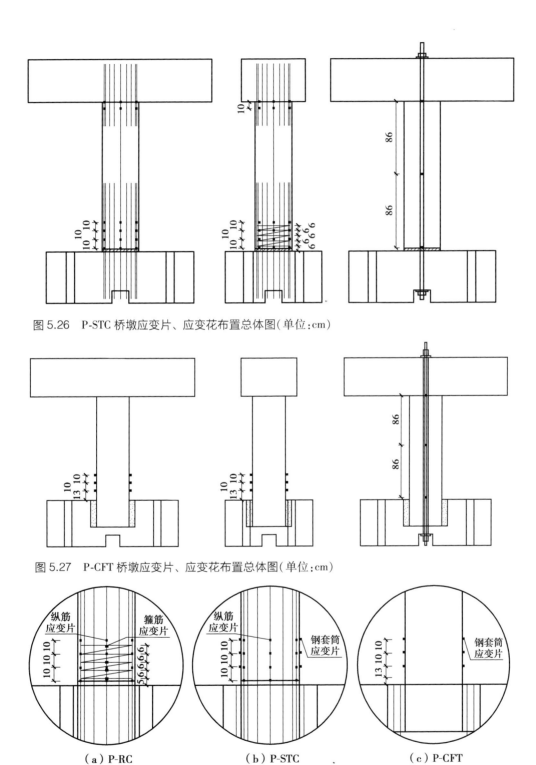

图 5.26　P-STC 桥墩应变片、应变花布置总体图(单位:cm)

图 5.27　P-CFT 桥墩应变片、应变花布置总体图(单位:cm)

（a）P-RC　　　　　　（b）P-STC　　　　　　（c）P-CFT

图 5.28　不同构造桥墩接缝区域应变片布置大样图(单位:cm)

5.5　试验现象描述

为了记录试验构件的加载现象,采用摄像机进行连续录像,供后期研究使用。试验中每级加载完成后,对桥墩的开裂、损伤状态等现象进行观察和照相。为了更明确地表征试验构件的损伤状态,定义基于构件层次的五水准损伤级别分类见表5.9。

表 5.9　损伤级别分类

损伤级别	损伤状态	破坏描述	可修复水平	功能性评价
I	无损伤	几乎不可见微小裂缝	不需修复	可正常运营
II	微小损伤	肉眼可见裂缝	不需修复或小修	可运营
III	中等损伤	裂缝张开;保护层混凝土开始剥落	简单修复	仅可保证生命安全
IV	严重损伤	裂缝张开很大;大面积混凝土剥落	需要大修	接近倒塌
V	倒塌	永久可见变形;主筋屈曲、断裂;核心混凝土压碎	替换	倒塌

为便于描述实验现象,在约定立柱的4个立面中,靠近水平作动器的立面为 E 面,在模型的俯视图中按照逆时针方向,其余各立面分别为 S 面、W 面和 N 面。立柱 E 面和 W 面称为立柱的正面,S 面和 N 面称为立柱的侧面。桥墩模型各立面编号如图5.29所示。

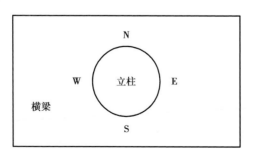

图 5.29　桥墩模型立面编号(模型俯视图)

5.6　P-RC 试件试验现象

在试验前,将 1#试件的立柱表面用白色乳胶漆粉刷,并按照 5 cm 的水平和竖向间距绘制网格线,便于在试验过程中更好地观察试验现象。

①损伤级别为Ⅰ,无损伤。当水平荷载为±20 kN 时,无肉眼可见裂缝;接缝连接良好,结构处于弹性状态,结构无损伤,不需要修复。试验照片如图 5.30 所示。

图 5.30　20 kN 工况下无损伤

②损伤级别为Ⅱ,轻微损伤。在水平加载±40～±80 kN 时,坐垫层与立柱及坐垫层与底座交接缝张开;纵筋应变接近 2 000 με 视为屈服,转为位移控制水平作动器加载;水平位移为±10～±12 mm 时,底座出现一条裂缝,立柱高度为 15,20,40,50 和 60 mm 处出现了 5 条裂缝;此阶段接缝处连接良好,结构不需要修复或只需要小修即可运营,如图 5.31 和图 5.32 所示。

③损伤级别为Ⅲ,中等损伤。当水平加载位移为±16～±40 mm 时,立柱高为 75 和 80 mm 处出现两条新裂缝;裂缝继续扩展,在高 20 cm 处出现最大裂缝,宽为 0.4 mm;坐垫层开始出现少量剥落,如图 5.33、图 5.34 所示。

④损伤级别为Ⅳ,严重损伤。当水平加载±48 mm 时,保护层混凝土大量脱落并露出箍筋;当水平加载±56 mm 时,达到极限水平推力 167 kN 和极限水平拉力157 kN,同时坐垫层与立柱交接缝张开继续增大;当水平加载±72 mm 时,柱脚箍筋开始出现

屈服。此阶段结构接近倒塌,如图 5.35 和图 5.36 所示。

（a）E面   （b）W面

图 5.31 80 kN 工况下交界面张开情况

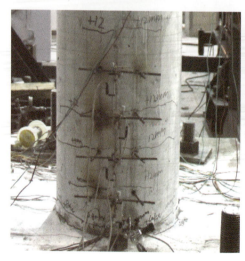

（a）E面   （b）W面

图 5.32 12 mm 工况下立柱裂缝情况

⑤损伤级别为 V ,倒塌。当侧向加载±96 mm 时,E 面和 W 面,纵向耗能钢筋各断裂 2 根,核心混凝土压碎,第 3 次循环结束后水平加载力已下降到最大水平力的 80%,试验结束,如图 5.37 和图 5.38 所示。

从 P-RC 试件的裂缝发展过程和破坏过程可以看出,其破坏现象先是沿墩底坐垫层接缝逐步张开的;当水平位移时,E 面纵向耗能钢筋屈服;极限状态为墩底混凝土压

（a）E面　　　　　　　　　（b）W面

（c）S面　　　　　　　　　（d）N面

图 5.33　40 mm 工况下立柱裂缝情况

图 5.34　坐垫层少量剥落

溃,纵筋断裂;P-RC 桥墩试验过程中发生摇摆现象,墩底接缝张开清晰,摇摆自复位结构特征明显(图 5.39)。

（a）E面　　　　　　　　　　（b）W面

图 5.35　48 mm 工况下保护层脱落

（a）E面　　　　　　　　　　（b）W面

图 5.36　72 mm 工况下箍筋屈服

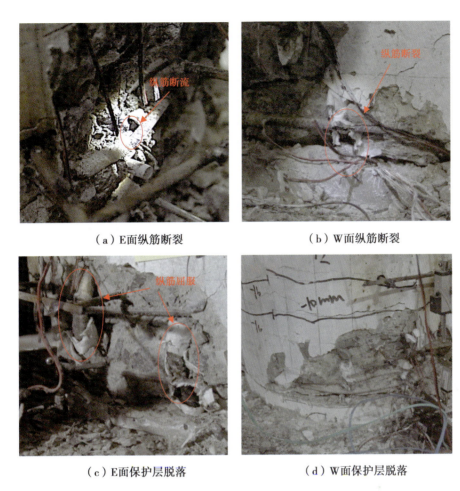

（a）E面纵筋断裂　　　　　　（b）W面纵筋断裂

（c）E面保护层脱落　　　　　　（d）W面保护层脱落

图 5.37　96 mm 工况纵筋断裂、保护层大量脱落

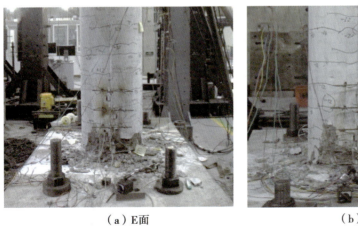

（a）E面　　　　　　　　　（b）W面

图 5.38　立柱整体破坏图

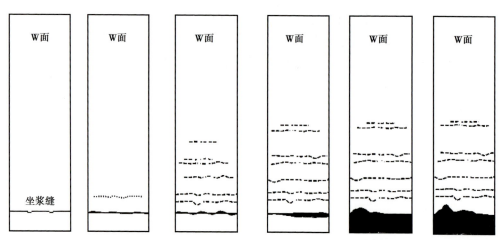

（a）力40 kN（b）位移10 mm（c）位移20 mm（d）位移40 mm（e）位移56 mm（f）位移96 mm

图 5.39　P-RC 试件裂缝发展过程示意图

5.7　P-CFT 试件试验现象

在试验前,将 8#试件的立柱表面钢管按 5 cm 的水平和竖向间距绘制网格线,便于在试验过程中更好地观察试验现象。

①损伤级别为Ⅰ,无损伤。当水平荷载为±20～±50 kN 时,无肉眼可见裂缝;接缝连接良好,结构处于弹性状态不需要修复。试验照片如图 5.40 所示。

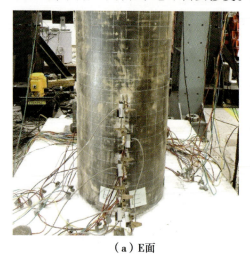

（a）E面

（b）W面

图 5.40　50 kN 工况下无损伤

②损伤级别为Ⅱ,轻微损伤。在水平加载±80~±140 kN 时,立柱与底座连接处出现张开缝;底座 N、S 面出现 2 条径向裂缝且延伸到底座侧面,同时钢套筒应变花最大应变接近 2 000 με,视为屈服,转为位移控制;水平位移为±12~±24 mm 时,底座裂缝稍有增多,最大裂缝宽为 0.47 mm;此阶段接缝处连接良好,结构不需要修复或只需要小修即可运营,如图 5.41 所示。

（a）S面底座　　　　　　　　　　（b）N面底座

图 5.41　24 mm 工况底座径向开裂

③损伤级别为Ⅲ,中等损伤。当水平加载位移为±28~±32 mm 时,底座出现 1 条贯穿径向裂缝;立柱与底座连接处裂缝张开约 1.5 mm,柱脚出现轻微鼓出现象;此阶段需简单修复,如图 5.42 至图 5.44 所示。

（a）N面底座　　　　　　　　　　（b）S面底座

图 5.42　32 mm 工况底座径向裂缝

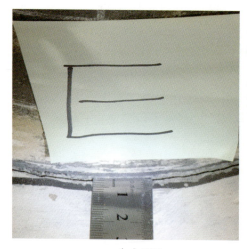 

（a）E面　　　　　　　　　　　（b）W面

图 5.43　32 mm 工况立柱与底座张开裂缝

（a）E面　　　　　　　　　　　（b）W面

图 5.44　32 mm 工况柱脚钢套筒轻微鼓出

④损伤级别为Ⅳ，严重损伤。当水平加载±36～±56 mm 时，柱脚钢套筒鼓出明显，残余变形严重；当水平加载±72～±88 mm 时，柱脚与底座开始出现提离，最高为 0.6 cm。此阶段结构接近倒塌，如图 5.45、图 5.46 所示。

⑤损伤级别为Ⅴ，倒塌。当水平加载±104 mm 时，E 面和 W 面的立柱距底座高 3 cm 处钢套筒出现长 30 cm 左右的环向裂缝；当水平加载±120 mm 时，原裂缝再伸长 10 cm；水平加载力已下降到最大水平力的 80%，试验结束，如图 5.47 所示。

从 P-CFT 试件裂缝发展过程和破坏过程可以看出，其自破坏现象主要是钢套筒墩底部位局部屈服；极限状态时柱脚与底座提离破坏（图 5.48）。

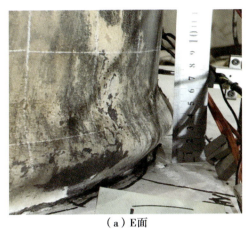

（a）E面　　　　　　　　　　　　（b）W面

图 5.45　56 mm 工况柱脚钢套筒鼓出严重

（a）E面　　　　　　　　　　　　（b）W面

图 5.46　72 mm 工况立柱与底座提离

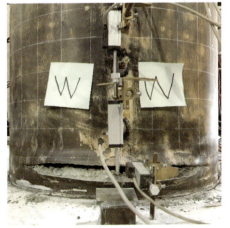

（a）E面　　　　　　　　　　　　（b）W面

图 5.47　120 mm 工况柱脚钢套筒断裂

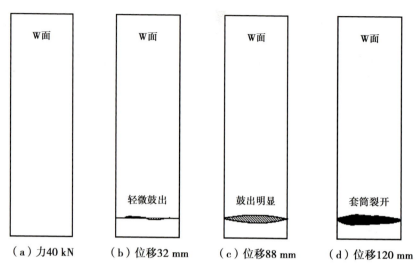

| （a）力 40 kN | （b）位移 32 mm | （c）位移 88 mm | （d）位移 120 mm |

图 5.48　P-CFT 试件裂缝发展过程示意图

5.8　P-STC 试件试验现象

2#~7#试件均为 P-STC 桥墩试件。本节主要针对预应力轴压比为 5%,耗能钢筋配筋率为 1.2% 的 5#试件进行试验现象描述。

图 5.49　50 kN 工况无现象

在试验前,将 5#试件的立柱表面钢管按 5 cm 的水平和竖向间距绘制网格线,以便在试验过程中更好地观察试验现象。

5#试件的预应力轴压比为 5%,耗能钢筋配筋率为 1.2%。

①损伤级别为Ⅰ,无损伤。当水平荷载为 ±20~±50 kN时,无肉眼可见裂缝;接缝连接良好,结构处于弹性状态,不需要修复。试验照片如图 5.49 所示。

②损伤级别为Ⅱ,轻微损伤。在水平加载±80 kN 时,坐垫层与底座接缝处张开细微裂缝,坐垫层与立柱接缝处张开宽度为 0.26 mm,同时耗能钢筋最大应变接近 2 000 με,视为屈服,加载方式转为位移控制;水平位移为±8~±40 mm

时,坐垫层与底座及坐垫层与立柱接缝处的张开宽度增大;此阶段接缝处连接良好,结构不需要修复或只需要小修即可运营,如图 5.50 所示。

|（a）E面|（b）W面|

图 5.50　40 mm 工况坐垫层交接缝张开

　　③损伤级别为Ⅲ,中等损伤。当水平位移加载为±48～±72 mm 时,坐垫层与底座及坐垫层与立柱接缝处的张开宽度增大,最大张开宽度为 13 mm,坐垫层出现少量剥落;此阶段需要简单修复,如图 5.51 所示。

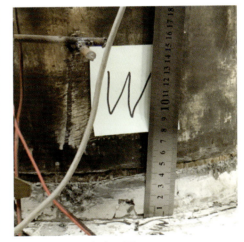

|（a）E面|（b）W面|

图 5.51　72 mm 工况坐垫层剥落

　　④损伤级别为Ⅳ,严重损伤。当水平加载±88 mm 时,坐垫层破坏加剧,W 面坐垫层与底座残余张开宽度为 10 mm,试件残余位移明显。此阶段结构接近倒塌,如图 5.52所示。

　　⑤损伤级别为Ⅴ,倒塌。当墩顶水平位移加载到±104 mm 时,纵向耗能钢筋断

裂,坐垫层大量剥落;当墩顶水平位移加载到±136 mm 时,水平加载力已下降到最大水平力的80%,试验结束,如图5.53 所示。

（a）W面　　　　　　　　　　　　　　　（b）残余位移

图 5.52　88 mm 工况残余位移明显

（a）E面　　　　　　　　　　　　　　　（b）W面

图 5.53　136 mm 工况坐垫层大量剥落

　　由于坐垫层没有完全压溃,以及钢套筒没有出现屈服现象时,很难观察到纵筋断裂情况,因此,切割立柱柱脚处的钢套筒,同时将约束混凝土凿除以便观察到耗能钢筋的断裂情况;打开后可看到纵筋已断裂,如图5.54 和图5.55 所示。

　　从 P-STC 试件的裂缝发展过程和破坏过程可以看出,其破坏现象主要为沿墩底坐垫层接缝逐渐张开;极限状态为墩底 W 面和 E 面耗能钢筋均断裂;试验过程中出现摇摆现象,墩底接缝张开清晰,可见 P-STC 桥墩的摇摆自复位结构特征非常明显(图5.56)。

图 5.54　E 面纵筋断裂

图 5.55　W 面纵筋断裂

W面	W面	W面	W面	W面
坐浆缝	坐浆缝	坐浆缝	坐浆缝	坐浆缝

（a）力 80 kN　（b）位移 32 mm　（c）位移 56 mm　（d）位移 120 mm　（e）位移 160 mm

图 5.56　P-STC 试件裂缝发展过程示意图

3#~7#试件的损伤和破坏过程与5#试件基本相同,只是破坏时的水平极限位移不同。表5.10、表5.11对2#~7#试件在拟静力试验过程中的异同点及损伤状态进行了总体对比分析。

表5.10 2#~7#试件墩顶水平荷载(位移)作用下的损伤状态

损伤级别	损伤状态	2#	3#	4#	5#	6#	7#
I	无损伤	±20 kN~±50 kN	±20 kN~±50 kN	±20 kN~±50 kN	±20 kN~±50 kN	±20 kN~±50 kN	±20 kN~±50 kN
II	微小损伤	±80 kN~±40 mm	±80 kN~±32 mm	±80 kN~±40 mm	±80 kN~±48 mm	±80 kN~±40 mm	±80 kN~±20 mm
III	中等损伤	±48 kN~±72 mm	±40 kN~±56 mm	±40 kN~±56 mm	±56 kN~±72 mm	±48 kN~±72 mm	±24 kN~±72 mm
IV	严重损伤	±88 mm	±72 kN~±88 mm	±72 kN~±88 mm	±88 mm	±88 kN~±104 mm	±88 kN~±104 mm
V	倒塌	±104 mm	±112 mm	±108 mm	±104 mm	±120 mm	±120 mm

表5.11 2#~7#试件墩顶水平极限位移与残余位移

试件序号	2#	3#	4#	5#	6#	7#
极限位移/mm	136	160	160	136	160	160
残余位移/mm	52	63	79	73	50	88

通过对表5.10、表5.11进行对比分析发现,2#~4#试件在损伤级别为II和III时,2#试件要比3#和4#试件先达到下一个损伤级别,产生这一现象的原因主要是2#~4#试件纵向耗能钢筋依次增加(0.6%→1.2%→1.8%),抵抗弯矩的能力增强,提升了桥墩的容限,同时可以看出,3#和4#试件损伤级别V和极限位移值均大于2#试件,且随着耗能钢筋配筋率的增大,结构残余位移明显增大;5#,2#和6#试件在损伤级别为II、III、IV时,5#,2#试件要比6#试件先达到下一个损伤级别,产生这一现象的原因主要是5#,2#和6#试件轴压比依次增加(5%→10%→15%),初始预应力轴压比越大,墩底承受竖向压力越大,使得试件损伤程度增大,但较大的预应力轴压比使得结构残余位移

明显减小。

5.9　试验结果分析

5.9.1　滞回曲线

当对墩顶施加水平力时,以 5 Hz 的频率采集水平作动器的力和盖梁中心的水平位移,画出水平力-位移滞回曲线,如图 5.57 至图 5.60 所示。结构的力-位移滞回曲线反映了结构的基本抗震性能,主要包括延性变形能力、滞回耗能能力以及残余位移等。当结构承载力无显著降低(水平加载大于峰值加载的80%)时,变形越大,其延性能力越强;所包围面积的大小反映了结构耗能能力,面积越大,耗能能力越强。

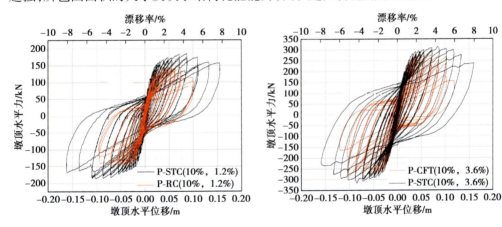

图 5.57　P-RC 与 P-STC 滞回曲线对比　　　　图 5.58　P-CFT 与 P-STC 试件滞回曲线对比

图 5.57 给出了 1#试件(P-RC)和 3#试件(P-STC)的滞回曲线比较。由图 5.57 对比可知,3#试件的初始刚度、极限状态下墩顶水平力、墩顶极限水平位移(漂移率)及滞回环面积均明显大于 1#试件,同时在相同漂移率的情况下,残余位移也略小于 1#试件。P-STC 试件的滞回曲线更加饱满,即耗能能力更强;墩顶极限水平力为 P-RC 试件的 1.25 倍;P-RC 的墩顶极限水平位移为 0.096 m,P-STC 的墩顶极限水平位移为 0.16 m,P-STC 试件极限水平位移为 P-RC 试件的 1.67 倍。

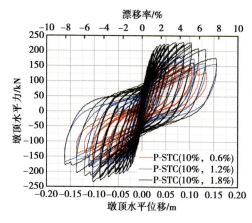
图 5.59　不同耗能钢筋配筋率的 P-STC 试件滞回曲线对比

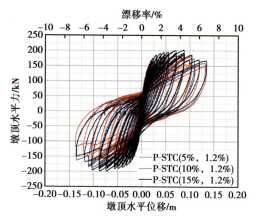
图 5.60　不同预应力轴压比的 P-STC 试件滞回曲线对比

图 5.58 给出了 7#试件(P-STC)和 8#试件(P-CFT)的滞回曲线比较。由图 5.58 对比可见,7#试件和 8#试件的初始刚度基本相同,但是极限状态下 7#试件墩顶水平力、墩顶极限水平位移(漂移率)及滞回环面积均明显大于 8#试件,同时在相同漂移率的情况下,残余位移也略小于 8#试件。P-STC 试件滞回曲线更加饱满,即耗能能力更强;墩顶极限水平力为 P-CFT 试件的 1.13 倍;P-CFT 试件的墩顶极限水平位移为 0.12 m,P-STC 试件的墩顶极限水平位移为 0.16 m,P-STC 试件的极限水平位移为 P-RC 试件的 1.33 倍。

图 5.59 给出了 2#~4#试件(均为 P-STC 试件,耗能钢筋配筋率分别为 0.6%,1.2%,1.8%,预应力轴压比均为 10%)的滞回曲线比较。由图 5.59 对比可以得出 3 个试件的滞回曲线均为旗帜形,随着耗能钢筋配筋率增加试件的滞回环面积越大,桥墩试件的耗能能力越强。从图中可以看出,在加卸载初期 2#~4# 3 个试件处于弹性阶段,对应试件破坏损伤状态Ⅰ;但当耗能钢筋出现屈服现象时,滞回环加载曲线斜率下降,试件刚度均出现下降,对应试件破坏损伤状态Ⅱ;随着循环荷载继续逐渐增大,试件滞回环加载曲线和卸载曲线的斜率逐级减小,表明刚度在不断发生退化,且同级位移荷载循环下,随着循环次数的增加,试件的加载曲线斜率不断减小,但卸载刚度基本不变,该现象说明循环加载不管是同级加载还是逐级加载均对试件产生损伤,此时对应试件破坏损伤状态Ⅲ和Ⅳ;当墩底水平力下降到最大水平力的 80%时,此时刚度急剧下降,对应试件破坏损伤状态Ⅴ。

图 5.60 给出了 5#,3#,6#试件(均为 P-STC 试件,预应力轴压比分别为 5%,10%,15%,耗能钢筋配筋率均为 1.2%)的滞回曲线比较。由图 5.60 对比可以得出 3 个试件的滞回曲线均为旗帜形,滞回环面积相差不大,表明预应力轴压比大小变化对试件耗能能力产生的影响较小。

5.9.2　骨架曲线

将滞回曲线每次循环的峰值点依顺序连接起来,即可得到结构的骨架曲线,它能直观地反映试件在加载中的各个阶段的荷载与位移的响应特点。图 5.61 给出了 1#试件(P-RC)和 3#试件(P-STC)的骨架曲线图。由图 5.61 可知,3#试件的初始刚度稍大于 1#试件,随着坐垫层交接缝的张开及 1#试件的立柱开始出现裂缝,1#试件的刚度率先降低;接着试件耗能钢筋屈服、坐垫层剥落,两个试件的墩顶水平力达到峰值,可以看出,3#试件的峰值明显高于 1#试件;最后两个试件的耗能钢筋断裂,3#试件坐垫层压溃,1#试件保护层大量脱落,导致墩顶水平力下降并低于峰值 80%,试验结束,由此可以看出,3#试件的延性能力明显优于 1#试件。

图 5.62 给出了 7#试件(P-STC,预应力轴压比 10%、纵向耗能钢筋配筋率 3.6%)和 8#试件(P-CFT,预应力轴压比 10%、纵向耗能钢筋配筋率 3.6%)的骨架曲线图。由图 5.62 可知,7#试件和 8#试件的初始刚度基本相同,随着 7#试件坐垫层交接缝的张开及 8#试件柱脚钢套筒轻微鼓出,两个试件的刚度仍十分接近;接着 7#试件纵向钢筋屈服、坐垫层剥落,8#试件柱脚钢套筒持续鼓出,两个试件的墩顶水平力达到峰值,可以看出,7#试件的峰值明显高于 8#试件;最后 7#试件纵向钢筋断裂和 8#试件柱脚钢套筒开裂在同一工况发生,但是 7#试件的极限水平位移明显大于 8#试件,说明 7#试件的延性能力明显优于 8#试件。

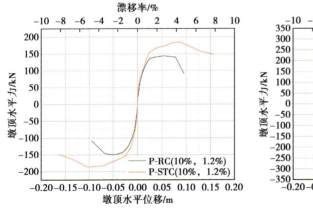

图 5.61　P-RC 与 P-STC 试件骨架曲线对比

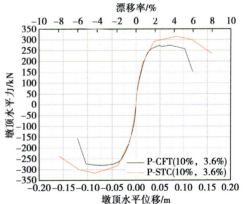

图 5.62　P-CFT 与 P-STC 试件骨架曲线对比

图 5.63 给出了 2#~4#试件(P-STC 试件,预应力轴压比 10%,耗能钢筋配筋率分别是 0.6%,1.2%,1.8%)的骨架曲线图,随着耗能钢筋配筋率的增大,试件骨架曲线上升段明显加长,试件极限承载力和屈服时承载力也随之增大,2#和 3#试件正向极限承载力仅为 4#试件的 68.9%和 77.1%,表明在墩底增加布设耗能钢筋根数能增强墩柱的抗侧极限承载力。

图 5.64 给出了 3#,5#,6#这 3 个试件(P-STC 试件,耗能钢筋配筋率 1.2%,预应力轴压比是 5%,10%,15%)的骨架曲线图,5#和 3#试件正向极限承载力为 6#试件的 87.5%和 86.3%,且各上升段、强化段和下降段曲线基本重合,表明改变预应力轴压比的大小对试件极限承载力有一定的影响。

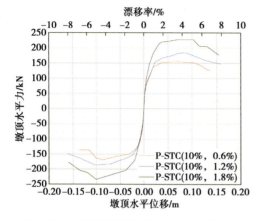

图 5.63 不同耗能钢筋配筋率 P-STC 试件骨 架曲线对比

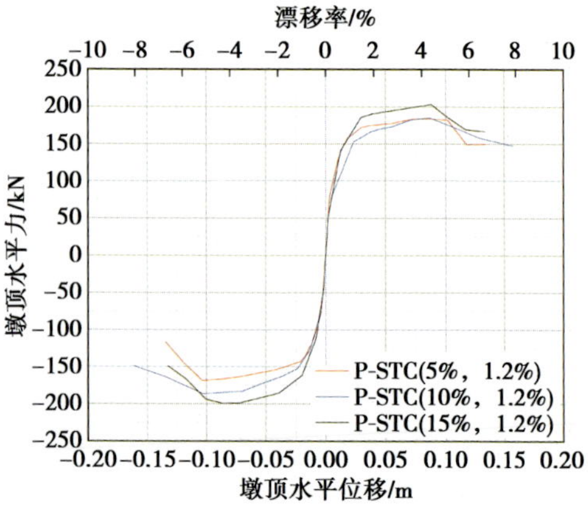

图 5.64 不同预应力轴压比 P-STC 试件骨架曲线

从以上多个骨架曲线对比图中都可看出,试件在屈服前弹性阶段骨架曲线在正、负两个方向的骨架曲线基本对称,而当耗能钢筋逐渐开始屈服时,正、负两个方向的骨架曲线开始出现不对称情况,这是由于试件进入弹塑性阶段后,残余变形和损伤是一个不断累积的过程,循环荷载向某个方向加载时该过程一直在持续,当循环荷载开始卸载并向另一个方向加载时,此时就需要抵消前一方向加载产生的残余变形,从而减弱骨架曲线的对称性。

5.9.3 位移延性系数

桥墩的延性是指桥墩在强度没有显著退化的情况下,其非弹性变形的能力(最大水平承载能力下降 20%,或钢筋达到极限拉应变或核心混凝土压溃)。桥墩的延性能力是评价桥梁抗震能力强弱的重要指标。在进行桥梁抗震设计时,通常采用位移延性系数作为桥墩的延性量化指标。本节对各试件特征位移和位移延性系数进行分析对比。

表 5.12 给出了试件的特征位移和位移延性系数。由表 5.12 可知,1#试件(P-RC)的等效屈服位移和极限位移均为最小,7#试件(P-STC)的等效屈服位移和极限位移均为最大。从表中可以看出,随着耗能钢筋的增加,试件的屈服位移降低,更快进入塑性阶段,且极限位移有所增加,其中,4#试件相较于 2#和 3#试件位移延性系数增加了 26.7%和 46.9%,结果表明耗能钢筋配筋率增大能够显著增强试件的延性,使得桥墩具

有良好的塑性变形能力。在对比 5#,3#和 6#试件时发现,随着预应力轴压比增大,试件的屈服位移增大,但极限位移却有所下降,位移延性系数降低,这是由于试件预应力轴压比增大会对桥墩位移起到约束作用,使得桥墩的塑性变形能力减弱。

表 5.12　特征位移与位移延性系数

试件	桥墩类型	配筋率/%	轴压比/%	等效屈服位移/m	极限位移/m	位移延性系数
1#	P-RC	1.2	10	0.011	0.096	8.73
2#	P-STC	0.6	10	0.017	0.140	8.22
3#		1.2	10	0.015	0.143	9.53
4#		1.8	10	0.012	0.145	12.08
5#	P-STC	1.2	5	0.014	0.142	10.14
6#		1.2	15	0.016	0.110	6.87
7#		3.6	10	0.022	0.16	7.27
8#	P-CFT	3.6	10	0.018 3	0.104	5.68

5.9.4　残余位移

在拟静力每级往复循环的卸荷过程中,当作动器水平力卸荷至零时,墩顶的位移为目标加载位移对应的拟静力残余位移。对应地,在试件的力-位移滞回曲线上,拟静力残余位移为滞回曲线与 x 轴交点的横坐标。图 5.65、图 5.66 表明了 3 种不同类型桥墩试件(P-RC,P-CFT,P-STC)的残余位移曲线图。由图 5.65 可知,当目标加载位移小于 56 mm 时,1#试件(P-RC)和 3#试件(P-STC)的残余位移基本相同;当目标加载位移大于 56 mm 时,3#试件的残余位移小于 1#试件。由图 5.66 可知,7#试件(P-STC)和 8#试件(P-CFT)在相同目标加载位移条件下的残余位移基本相同。

图 5.67 给出了 1#和 3#试件的残余位移曲线图,随着耗能钢筋配筋率的增加,残余位移也随之有所增加,试验结束时,3#试件残余位移为 1#试件的 1.6 倍,这是由于耗能钢筋配筋率越大,其试件加卸载刚度也会增大。

图 5.68 给出了 5#和 6#试件的残余位移曲线图,试件的预应力轴压比越大,残余位移越小,由于无黏结预应力钢筋始终处于弹性状态,其为桥墩提供良好的自复位效果。

表 5.13 给出了各试件目标漂移率与残余位移的关系。由表 5.13 对比可知,1#试件(P-RC,预应力轴压比 10%、纵向耗能钢筋配筋率 1.2%)和 3#试件(P-STC,预应力

轴压比 10%、纵向耗能钢筋配筋率 1.2%）在漂移率均为 2% 时，1#试件的残余位移是
3#试件的 1.28 倍；在漂移率均为 3.6% 时，1#试件的残余位移是 3#试件的 1.13 倍。

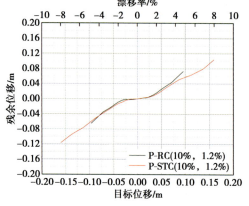

图 5.65　P-RC 与 P-STC 试件残余位移曲线

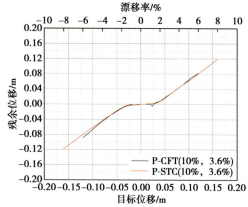

图 5.66　P-CFT 与 P-STC 试件残余位移曲线

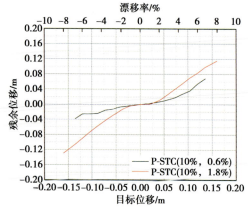

图 5.67　不同耗能钢筋配筋率 P-STC 试件残
　　　　余位移曲线

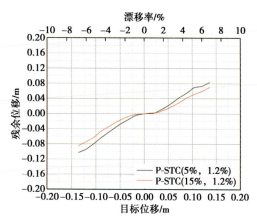

图 5.68　不同预应力轴压比 P-STC 试件残余
　　　　位移曲线

表 5.13　漂移率与残余位移的关系

试件序号	漂移率/%		
	2	3.6	6.8
1#试件残余位移/mm	0.015 5	0.437	—
2#试件残余位移/mm	0.007	0.017 6	0.068 4
3#试件残余位移/mm	0.012 1	0.038 6	0.078 4
4#试件残余位移/mm	0.012 6	0.039 7	0.098 7

试件序号	漂移率/%		
	2	3.6	6.8
5#试件残余位移/mm	0.013 8	0.042 1	0.083 2
6#试件残余位移/mm	0.009 1	0.028 9	0.069 9
7#试件残余位移/mm	0.013 3	0.042 1	0.105
8#试件残余位移/mm	0.007 9	0.036 4	—

由表 5.13 对比可知,7#试件(P-STC,预应力轴压比为 10%、耗能钢筋配筋率为 3.6%)和 8#试件(P-CFT,预应力轴压比为 10%、耗能钢筋配筋率为 3.6%)在漂移率均为 2%时,7#试件的残余位移是 8#试件的 1.04 倍;在漂移率均为 3.6%时,7#试件的残余位移是 8#试件的 0.998 倍。

由表 5.13 对比可知,分析 2#,3#,4#,7#试件(P-STC,预应力轴压比 10%,耗能钢筋配筋率分别为 0.6%,1.2%,1.8%,3.6%),在漂移率为 2%时,2#试件的残余位移分别是 3#,4#,7#试件的 0.58 倍、0.56 倍和 0.53 倍;在漂移率为 3.6%时,2#试件的残余位移分别是 3#,4#,7#试件的 0.46 倍、0.44 倍和 0.42 倍;在漂移率为 6.8%时,2#试件的残余位移分别是 3#,4#,7#试件的 0.87 倍、0.69 倍和 0.65 倍。在预应力轴压比不变的情况下,桥墩的残余位移随着纵向耗能钢筋配筋率的减小而减小;这与第 2 章参数分析得到的结论一致。因此,在预应力轴压比不变的情况下,适当减少纵向耗能钢筋配筋率可提高桥墩自复位性能。

由表 5.2 对比可知,分析 3#,5#,6#试件(P-STC,预应力轴压比分别为 5%,10%,15%,耗能钢筋配筋率 1.2%)在漂移率为 2%时,5#试件的残余位移分别是 3#,6#试件的 1.14 倍和 1.52 倍;在漂移率为 3.6%时,5#试件的残余位移分别是 3#,6#试件的 1.09 倍和 1.46 倍。在耗能钢筋配筋率不变的情况下,增加桥墩的残余位移随着预应力轴压比的增大而减小;这与第 2 章参数分析得到的结论一致。因此,在耗能钢筋配筋率不变的情况下,适当提高预应力轴压比,可提高桥墩自复位性能。

5.9.5　等效黏滞阻尼比

结构在弹塑性变形过程中自身能够耗散能量的能力是衡量结构抗震性能优劣的一个重要指标。耗能能力越强,说明结构在地震过程中能够有效耗散的地震能量也就越多,对应结构的抗震安全性也就更加有利。1963 年,Housner 提出了结构在地震过程中的能量总体平衡的概念,即地震输入的能量总量与结构所产生的动能、弹性变形能、阻尼耗能及滞回耗能的总量保持相同,如式(5.2)所示。在结构未产生倒塌的情况下,内外部能量保持平衡。

$$E_k(t) + E_E(t) + E_D(t) + E_H(t) = E_I(t) \tag{5.2}$$

式中　E_k——结构的动能;

　　　E_E——结构的弹性变形能;

　　　E_D——结构的阻尼耗能;

　　　E_H——结构的滞回耗能;

　　　E_I——地震输入的外部总能量。

　　Berg 和 Thomaids 等学者在能量平衡概念的基础上进一步将结构的动能和弹性变形能合并称为能容,而把滞回耗能和阻尼耗能合并称为能耗。能量平衡概念全面地反映了耗能能力对结构抗震的重要意义。当地震输入总能量不变的条件下,能耗值越小,结构所产生的能容也就越大。通常情况下,延性越好的结构,其耗能能力越强;但同时也不能简单而论,因为耗能能力不但与位移延性能力有关,还与滞回环形状等因素都着关;可见系统分析结构的耗能能力,对全面掌握结构的抗震性能非常关键。

　　研究结构的耗能能力是评价结构抗震性能的重要方法。目前,已有专家学者提出了一系列评价桥墩耗能能力的指标。本书采用等效黏滞阻尼比来定量评价桥墩的耗能能力。等效黏滞阻尼比可定义为拟静力单周滞回循环过程中所耗散的能量与弹性变形能之间的比值,其具体计算式如下:

$$\xi_{eq,h} = \frac{S_h}{4\pi S_e} \tag{5.3}$$

式中　S_h——单周滞回循环耗散的能量;

　　　S_e——弹性变形能,其示意图如图 5.69 所示。

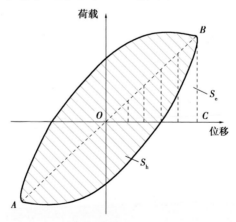

图 5.69　等效黏滞阻尼比计算简图

　　图 5.70 至图 5.73 给出了各试件的等效黏滞阻尼比和目标位移的关系图,随着加载,各试件的等效黏滞阻尼比均为上升趋势,这是由于试件从弹性阶段逐渐进入弹塑

性阶段,塑性变形不断增大,弹性变形维持不变,其塑性变形耗能占试件滞回总耗能的比例也在不断加大。

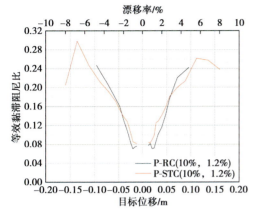

图 5.70　1#和 3#试件等效阻尼比

图 5.71　7#和 8#试件等效阻尼比

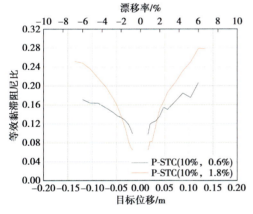

图 5.72　不同耗能钢筋配筋率试件等效
　　　　阻尼比

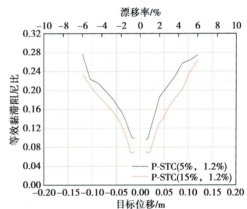

图 5.73　不同预应力轴压比试件等效阻尼比

图 5.70 给出了 1#试件(P-RC)和 3#试件(P-STC)的等效黏滞阻尼比和目标位移的关系,由图中可以看出,两个试件在相同目标位移下的等效黏滞阻尼比基本相等。

图 5.71 给出了 7#试件(P-STC)和 8#试件(P-CFT)的等效黏滞阻尼比和目标位移的关系,由图中可以看出,两个试件在目标位移小于 0.07 m 时,等效黏滞阻尼比基本相同;当目标位移大于 0.07 m 时,7#试件的等效黏滞阻尼比明显大于 8#试件;当目标位移为 0.104 m 时,7#试件的等效黏滞阻尼比为 8#试件的 1.24 倍,可见 7#试件(P-STC)的耗能能力更强。

图 5.72 给出了 2#和 4#试件的等效黏滞阻尼比,由图可知,随耗能钢筋配筋率的增大试件的等效黏滞阻尼比明显增大;当目标位移为 0.12 m 时,4#试件的等效黏滞阻尼比为 2#试件的 1.35 倍;结果表明耗能钢筋配筋率增加能明显增加桥墩的耗能能力,

且在相同目标位移下,增加耗能钢筋能增加桥墩的塑性变形能力,使其塑性耗能增大。

图 5.73 给出了 5#和 6#的等效黏滞阻尼比图,在相同目标位移情况下,5#试件等效黏滞阻尼比始终大于 6#试件。由于随着加载进行等效黏滞阻尼比不断增大,塑性变形能占比越大,但无黏结预应力钢筋提供的自复位效果能约束试件变形,而预应力轴压比越大该约束作用越强,相应的试件塑性变形能占总滞回耗能比例就会越小,即等效黏滞阻尼比越小。

5.9.6 刚度分析

1)初始刚度与等效刚度

如图 5.74 所示,初始刚度 K_0 是指试件的骨架曲线在原点 O 附近的切线斜率,即拟静力试验水平荷载第一工况下所对应的刚度为初始刚度,等效刚度 K_s 是指桥墩的割线刚度,它在数值上即等于骨架曲线上的任意一点与原点连线的斜率。表 5.14 给出了 1#~8#试件的初始刚度,由表可知,与 3#试件(P-STC)相比,1#试件(P-RC)的初始刚度更小;7#试件(P-STC)和 8#试件(P-CFT)的初始刚度基本相同;2#~4#试件的初始刚度随预应力轴压比的增加基本无变化;2#,3#,4#试件的初始刚度随纵筋配筋率的增加而不断增加。

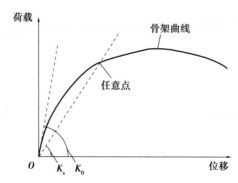

图 5.74 初始刚度和等效刚度示意图

表 5.14 试件初始刚度

试 件	P-RC	P-STC						P-CFT
试件编号	1	2	3	4	5	6	7	8
初始刚度 K_0 /(kN·m^{-1})	21 047	24 203	25 100	26 451	24 772	24 895	28 815	28 634

图 5.75 至图 5.78 为各试件初始刚度与等效刚度随目标位移变化的曲线,本书取

等效刚度和初始刚度比值 K_s/K_0 与目标位移的关系来表征等效刚度的退化情况,由试验结果可知,随着加载进行等效刚度不断减小,峰值荷载前等效刚度减小速率较快。

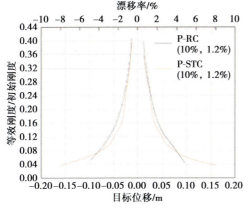

图 5.75　P-RC 和 P-STC 试件等效刚度

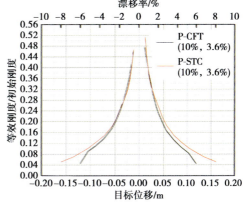

图 5.76　P-CFT 和 P-STC 试件等效刚度

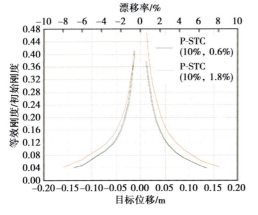

图 5.77　不同纵筋配筋率 P-STC 试件等效
　　　　刚度

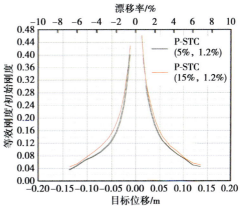

图 5.78　不同预应力轴压比 P-STC 试件等效
　　　　刚度

图 5.75 表示的是 1#试件和 3#试件的 K_s/K_0 值和目标位移关系。由图可知,等效刚度均随目标位移的增大而逐渐下降,在相同目标位移下,两个试件等效刚度的退化情况基本一样。图 5.76 所示的是 7#试件和 8#试件的 K_s/K_0 值和目标位移关系。由图可知,当目标位移小于 0.05 m 时,两个试件等效刚度的退化情况基本一样;当目标位移大于 0.05 m 时,8#试件退化明显比 7#试件严重;当目标位移达到 0.12 m 时,8#试件 K_s/K_0 的值为 7#试件的 1.9 倍。

图 5.77 给出了 2#和 4#试件的 K_s/K_0 值和目标位移关系,由图可知,4#试件在相同目标位移下,等效刚度始终大于 2#试件,当目标位移达到 0.136 m 时,4#试件的 K_s/K_0 值为 2#试件的 1.42 倍,表明增大耗能钢筋配筋率能增大试件的等效刚度,但从曲线斜率来看,其对等效刚度退化速率影响较小,两试件退化速率基本相同。由图 5.78 可

知,5#和6#试件的K_s/K_0值随着目标位移变化基本一致,表明改变预应力轴压比大小对试件的等效刚度退化影响较小。

2)卸载刚度

桥墩卸载刚度K_u的定义如图5.79所示。在图5.79中,卸载刚度K_u为该级荷载卸载时,峰值点A到滞回曲线残余位移点B的连线斜率,其中,P_m,d_m为峰值点A的荷载值和位移值,d_r为该级荷载下B点残余位移值,其计算式为:

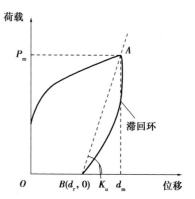

图5.79　卸载刚度示意图

$$K_u = \frac{P_m}{d_m - d_r} \tag{5.4}$$

本书用卸载刚度和初始刚度的比值K_u/K_0来表示桥墩卸载刚度的退化程度,卸载刚度越小越有利于减小试件的残余位移,但同时也会降低桥墩滞回耗能的能力。图5.80给出了1#和3#试件的K_u/K_0值与目标位移的关系。由图可知,当目标位移小于0.03 m时,两个试件的卸载刚度基本相同;当目标位移大于0.03 m后,3#试件的卸载刚度比1#试件下降更为明显;当目标位移为0.072 m时,3#试件的K_u/K_0值比1#试件小0.088。图5.81为7#和8#试件的K_u/K_0值与目标位移的关系。由图可知,在目标位移小于0.02 m时,两个试件卸载刚度的下降情况基本一致;在目标位移大于0.02 m且小于0.104 m时,8#试件的卸载刚度小于7#P-STC试件;在目标位移大于0.104 m时,8#试件由钢套筒开裂导致卸载刚度急剧下降,已不具备抵抗水平荷载的能力。

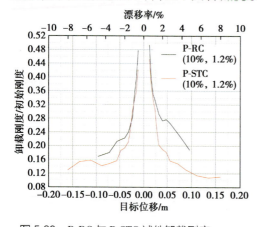

图5.80　P-RC与P-STC试件卸载刚度

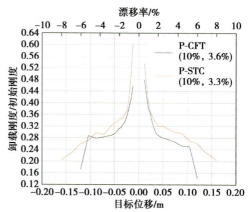

图5.81　P-CFT与P-STC试件卸载刚度

图5.82给出了2#和4#试件的K_u/K_0值和目标位移关系,在目标位移小于0.02 m时,两个试件的卸载刚度退化情况基本一致,随着后续加载进行4#试件的卸载刚度始终大于2#试件,在目标位移大于0.02 m且小于0.104 m时,2#试件卸载刚度减小得更快,在目标位移大于0.104 m时,由于耗能钢筋开始出现断裂导致两个试件的卸载刚

度差值逐渐减小直到试验停止。

图 5.83 为 5#和 6#试件的 K_u/K_0 值变化图,在相同目标位移下,5#试件的卸载刚度始终大于 6#试件,当目标位移达到 0.136 m 时,5#试件的 K_u/K_0 值为 6#试件的 2.57 倍,结果表明,增大预应力轴压比能减小卸载刚度,并能加快卸载刚度的退化,从而有利于减小试件的残余位移。

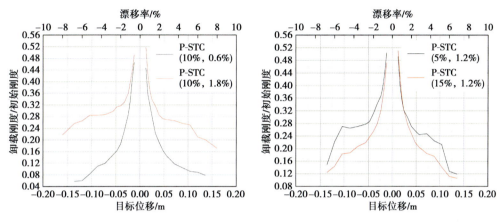

图 5.82　不同纵筋配筋率 P-STC 试件卸载刚度　　图 5.83　不同预应力轴压比 P-STC 试件卸载刚度

5.9.7　墩底曲率

为了研究 3 种不同类型的桥墩试件(P-RC,P-STC,P-CFT)墩底曲率沿高度的分布规律,图 5.84 至图 5.86 绘制了 3 种桥墩试件在不同墩顶位移情况下曲率沿墩高的分布情况。

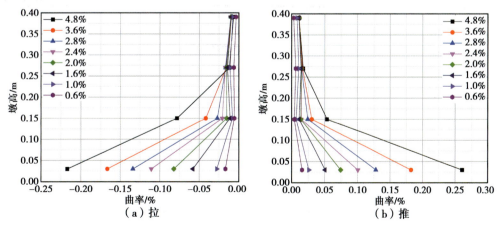

图 5.84　P-RC 试件曲率

由图 5.84 至图 5.86 可知,随着墩顶漂移率的增大,墩底曲率也随之增大,其中,

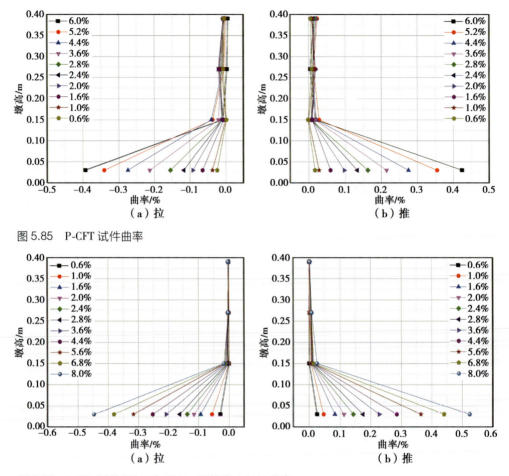

图 5.85　P-CFT 试件曲率

图 5.86　P-STC 试件（轴压比 10%、配筋率 1.2%）曲率

P-RC试件墩底弯曲主要由立柱与坐垫层及坐垫层与底座交界面张开、闭合提供；P-CFT试件墩底弯曲主要由立柱与底座交界面 12 cm 左右部分提供，立柱与底座交界面12 cm以上部分弯曲曲率较小；P-STC 试件墩底弯曲主要由立柱与坐垫层及坐垫层与底座交界面张开、闭合提供，弯曲曲率主要集中在墩底部。

5.9.8　预应力钢筋应变

在拟静力试验中，通过在预应力钢筋表面设置应变片，并通过数据采集系统可以记录实验过程中预应力钢筋的应变变化情况。

图 5.87 至图 5.90 分别给出了 3 类桥墩试件预应力钢筋应变随目标位移变化的关系。由图可知，预应力钢筋应变随目标位移的增大而增大，且推、拉两个方向的预应力钢筋应变基本呈对称关系。由表 5.15 可知，预应力钢筋在试件加载至破坏过程中始终保持弹性，未发生屈服。

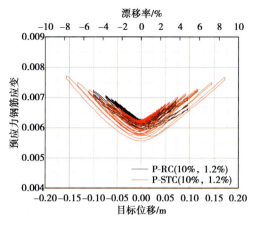

图 5.87　P-RC 与 P-STC 试件预应力钢筋应变

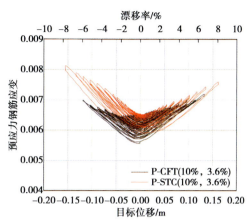

图 5.88　P-CFT 与 P-STC 试件预应力钢筋应变

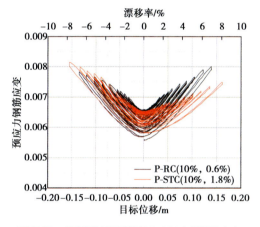

图 5.89　不同纵筋配筋率 P-STC 试件预应力
　　　　钢筋应变

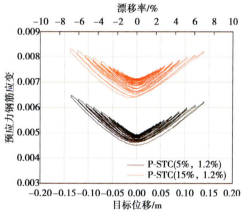

图 5.90　不同预应力轴压比 P-STC 试件预应
　　　　力钢筋应变

　　图 5.87 至图 5.89 中,预应力初始轴压比均为 10%,故预应力钢筋上应变片的初始应变基本相同。在图 5.90 中,两个试件的预应力初始轴压比分别为 5% 和 15%,故两个试件预应力钢筋上应变片的初始应变相差 1.46 倍。

表 5.15　预应力钢筋应变情况

试　件	P-RC	P-STC							P-CFT
预应力轴压比/%	10	5	10	15	10	10	10	10	
耗能钢筋配筋率/%	1.2	1.2	3.6	1.2	0.6	1.8	3.6	1.2	
预应力钢筋初始应变	0.006 2	0.004 9	0.006 5	0.007 2	0.006 5	0.006 5	0.006 5	0.006 2	
预应力钢筋最大应变	0.007 3	0.006 5	0.007 2	0.008 4	0.008 0	0.008 2	0.008 1	0.007 3	

对比图 5.87 至图 5.90 可以发现，当试件卸载，位移回到零时，预应力钢筋应变与初始应变相比逐渐变小，在其他文献中也发现了这一现象。这里把试件卸载，位移回到零时的预应力钢筋应变称为保留应变，可采用预应力钢筋的保留应变和初始应变的比值 $\varepsilon_{pu}/\varepsilon_{p0}$ 来反映试验过程中预应力钢筋的应力损失。

图 5.91 至图 5.93 给出了预应力钢筋的保留应变和初始应变的比值 $\varepsilon_{pu}/\varepsilon_{p0}$ 与试件目标位移的关系。在图 5.90 中，当目标位移为 0.12 m 时，P-CFT 试件和 P-STC 试件的 $\varepsilon_{pu}/\varepsilon_{p0}$ 比值分别为 0.89 和 0.92，即 P-CFT 试件的预应力损失更大。在图 5.92 中，当预应力轴压比同为 10% 时，纵筋配筋率（0.6%→1.2%→1.8%）对 P-STC 试件 $\varepsilon_{pu}/\varepsilon_{p0}$ 比值的影响较小。在图 5.93 中，当纵筋配筋率同为 1.2% 时，预应力轴压比（5%→10%→15%）对 P-STC 试件 $\varepsilon_{pu}/\varepsilon_{p0}$ 比值的影响较大，当目标位移为 0.12 m 时，对应的预应力轴压比为 5%→10%→15%，$\varepsilon_{pu}/\varepsilon_{p0}$ 比值依次为 0.94,0.92,0.90，即预应力轴压比越大，预应力在相同目标位移下的损失越严重，产生这一现象的原因可能是较大的轴压力会导致预应力钢筋锚固处以及墩底塑性铰区混凝土的塑性变形，从而导致较大的预应力损失。

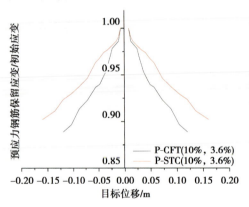
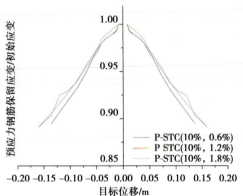

图 5.91　P-STC 与 P-CFT 试件预应力钢筋应变

图 5.92　不同预应力轴压比 P-STC 试件预应力钢筋应变

5.9.9　耗能钢筋应变

在拟静力往复加载中，应变数据采集系统记录了试件墩底耗能钢筋的应变。由于在试验过程中随着推、拉的目标位移逐渐增大，应变片开始陆续出现破坏现象，故只能测出应变片破坏前耗能钢筋的应变变化情况。同时，应变片在粘贴、接线或试件拼装等过程中也会出现破坏。因此，本节只能描述剩余完好的耗能钢筋应变片的应变分布情况。

图 5.94 给出 P-RC 试件墩底 4 个面（E,S,W,N）耗能钢筋的应变分布情况。由图可知，纵筋应变随目标位移的增大而增大，在相同目标位移下 E 面和 W 面比 S 面和 N

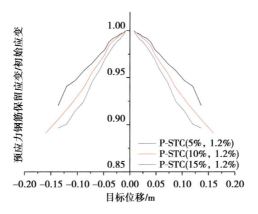

图 5.93　不同预应力轴压比 P-STC 试件
预应力钢筋应变

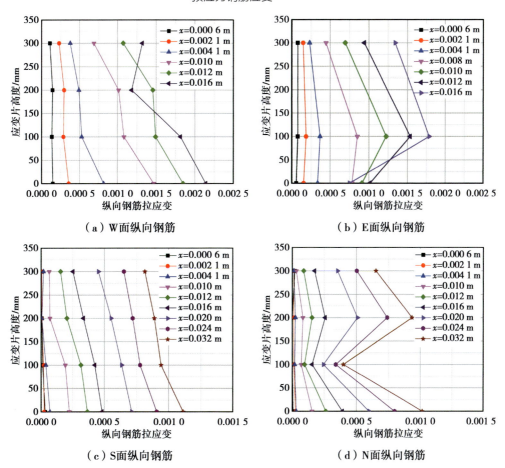

（a）W 面纵向钢筋

（b）E 面纵向钢筋

（c）S 面纵向钢筋

（d）N 面纵向钢筋

图 5.94　P-RC 耗能钢筋应变分布图

面的纵筋应变要大一些，同时 E 面和 W 面的应变片在目标位移为 0.02 m 后均已破坏，也早于 S 面和 N 面应变片破坏；W 面耗能钢筋在目标位移为 0.012 m 后开始屈服

（E 面高为 0.2 m 处的应变片，在试验前已损坏，如图 5.94（b）所示）。

图 5.95 给出了预应力轴压比 10%、纵筋配筋率 1.2%的 P-STC 试件纵筋应变随目标位移的分布情况。由图可知，纵筋应变随目标位移的增大而增大，当目标位移大于 0.012 m 后，W 面耗能钢筋开始出现屈服现象，如图 5.95（a）所示。N 面高为 0.1 m 处的应变片在试验前已损坏，如图 5.95（d）所示。

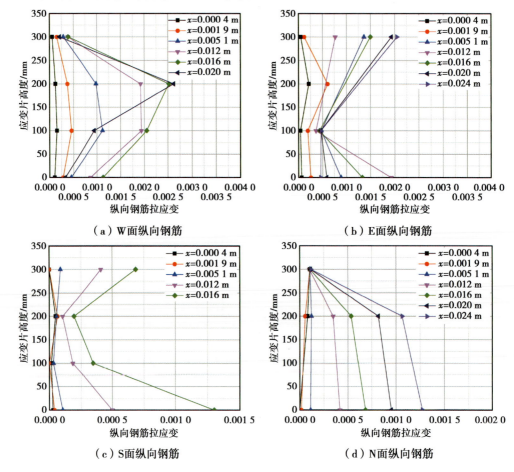

（a）W面纵向钢筋　　　　　　　　（b）E面纵向钢筋

（c）S面纵向钢筋　　　　　　　　（d）N面纵向钢筋

图 5.95　P-STC 试件（轴压比 10%、配筋率 1.2%）耗能钢筋的应变分布

5.9.10　箍筋应变及钢套筒应变

在拟静力往复加载中，应变数据采集系统记录了 P-RC 试件墩底箍筋应变以及 P-CFT 和 P-STC 试件墩底钢套筒应变花应变。由于在试验过程中随着推、拉的目标位移逐渐增大，应变片开始陆续出现破坏现象，故只能测出应变片破坏前箍筋的应变变化情况。此外，应变片在粘贴、接线或试件拼装等过程中也会出现破坏，因此，本节只能描述剩余完好的箍筋应变片和钢套筒应变花的应变分布情况。

P-RC 试件墩底应变片位置及加载方向如图 5.96 所示。如图 5.97 所示,P-RC 试件墩底箍筋应变随应变测点位置的升高而逐渐减小,即 E1 和 W1 测点应变最大,E5 和 W5 测点应变最小;当水平推动试件时,E 面应变出现最大值,反之,当水平拉试件时,W 面应变出现最大值,即受拉侧箍筋应变变大。由图 5.97(a)可知,E1 和 E2 位置箍筋出现了屈服现象;E3 处应变片在试验前已损坏,如图 5.97 所示。

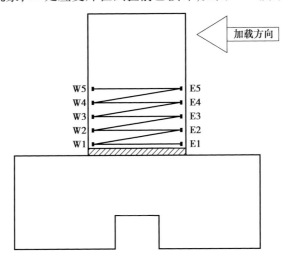

图 5.96　P-RC 试件箍筋应变片位置示意图

P-CFT 和 P-STC 试件墩底应变片位置及加载方向如图 5.98 所示。本节中应变片所测 3 个方向(竖向、斜向 45°、横向)的应变已通过公式将所得数据整合成最大应变 ε_{max}。根据拟静力试验的往复推拉水平加载,可以看出图 5.99 中受拉侧的应变大于受压侧,且 E1,E2,W1,W2 处应变均已屈服,与试验过程中钢套筒开裂位置相对应,实验现象符合试验数据。

因各 P-STC 试件的钢套筒应变分布规律基本相似,本书取(轴压比 10%、配筋率 1.2%)P-STC 试件分析钢套筒应变,如图 5.100 所示,最大应变小于其屈服应变,钢套筒测点处应力应变均处于弹性状态,E1 和 W1 测点应变最大值大于其他测点最大应变值。

5.9.11　试验对比分析结论

根据本节中对 3 类桥墩的拟静力试验结果的对比分析,总结得到以下结论:

①通过对预应力轴压比 10%、纵筋配筋率 1.2% 的 P-RC 试件和 P-STC 试件试验结果对比分析可知,P-STC 试件的滞回曲线更加饱满,即耗能能力更强;墩顶极限水平力为 P-RC 试件的 1.25 倍;P-RC 的墩顶极限水平位移为 0.096 m,P-STC 的墩顶极限水平位移为 0.16 m,P-STC 试件的极限水平位移为 P-RC 试件的 1.67 倍;初始刚度为 P-RC试件的 1.19 倍;位移延性系数为 P-RC 试件的 1.22 倍;最大相同目标位移下的残

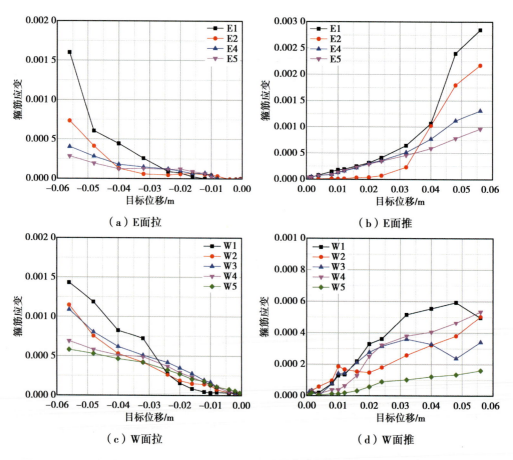

（a）E面拉 （b）E面推

（c）W面拉 （d）W面推

图 5.97　P-RC 箍筋应变分布图

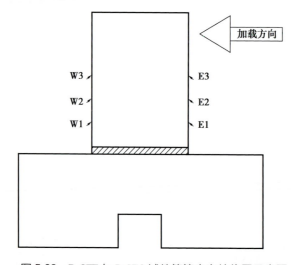

图 5.98　P-CFT 与 P-STC 试件箍筋应变片位置示意图

余位移,P-STC 试件为 P-RC 试件的 88%;同时根据试验现象来看,P-RC 试件柱脚处

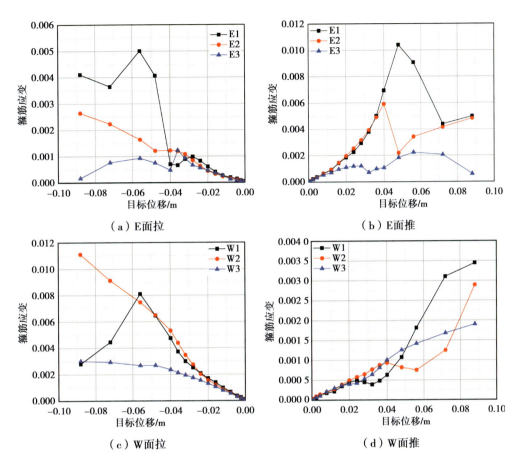

（a）E 面拉　　　　　　　　　　（b）E 面推

（c）W 面拉　　　　　　　　　　（d）W 面推

图 5.99　P-CFT 钢套筒应变分布图

保护层脱落，箍筋外露屈服，P-STC 试件除坐垫层破坏以外，柱脚并未出现其他破坏现象；综合可见，P-STC 试件的抗震性能相比 P-RC 试件更优越。

②通过对预应力轴压比 10%、纵筋配筋率 3.6% 的 P-CFT 试件和 P-STC 试件的试验结果对比分析可知，P-STC 试件的滞回曲线更加饱满，即耗能能力更强；墩顶极限水平力为 P-CFT 试件的 1.13 倍；P-CFT 的墩顶极限水平位移为 0.12 m，P-STC 的墩顶极限水平位移为 0.16 m，P-STC 试件极限水平位移为 P-RC 试件的 1.33 倍；两个试件的初始刚度基本相同，但 P-CFT 试件在目标位移为 0.104 m 时，钢套筒出现开裂导致其等效刚度和卸载刚度急剧下降，当目标位移为 0.12 m 时，其等效刚度和卸载刚度分别为 P-STC 试件的 53% 和 70%；P-STC 试件位移延性系数为 P-CFT 试件的 1.28 倍；由钢套筒应变片测得 P-CFT 试件应变在目标位移为 0.02 m 时就已经开始屈服，当 P-STC 试件加载到最大目标位移时，钢套筒均没出现屈服现象；综合可见，P-STC 试件的抗震性能相比 P-CFT 试件更优越。

③固定 P-STC 试件的预应力轴压比为 10%，将纵筋配筋率分别调整为 0.6%，1.2%，1.8%，对纵筋配筋率进行参数分析可知，随着随纵筋配筋率的增大墩顶极限水

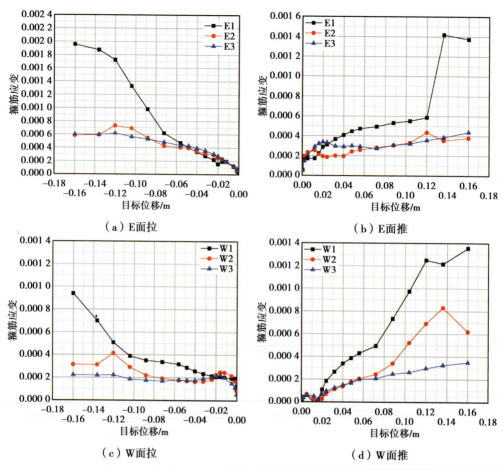

图 5.100　P-STC 试件(轴压比 10%、配筋率 1.2%)钢套筒的应变分布

平力随之增大,即纵筋配筋率为 1.8% 的墩顶极限水平力最大;随着纵筋配筋率的增大,P-STC 试件的初始刚度、等效刚度、卸载刚度均随之增大,P-STC 试件的位移延性系数随之减小,P-STC 试件的残余位移随之增大,P-STC 试件的等效黏滞阻尼比随之增大。

　　④固定 P-STC 试件的纵筋配筋率为 1.2%,把预应力轴压比分别调整为 5%,10%,15%,对预应力轴压比进行参数分析可知,随着预应力轴压比的增大墩顶极限水平力随之增大,即预应力轴压比为 15% 的墩顶极限水平力最大;随着预应力轴压比的增大,P-STC 试件的初始刚度和等效刚度基本相同,但是卸载刚度随之减小,P-STC 试件的位移延性系数随之减小,P-STC 试件的残余位移随之减小,P-STC 试件的等效黏滞阻尼比随之减小。

5.10　试验结论

本章重点研究了 P-RC,P-STC,P-CFT 这 3 类试件在往复荷载作用下的滞回耗能特性、位移延性能力、残余位移、耗能能力等抗震性能指标,主要结论如下:

①在相同预应力轴压比、纵筋配筋率及相同拟静力工况下,与 P-RC 试件相比,P-STC试件的墩顶水平力更大、滞回曲线更饱满、耗能能力更强,初始刚度更大、延性更好、残余位移更小,即 P-STC 桥墩的抗震性能比 P-RC 桥墩更优越。

②在相同预应力轴压比、纵筋配筋率及相同拟静力工况下,与 P-CFT 试件相比,P-STC 试件的墩顶水平力更大、滞回曲线更饱满、耗能能力更强,初始刚度基本相同、延性更好,但因设置耗能钢筋残余位移相对增大。

③P-STC 试件耗能能力随耗能钢筋配筋率的增加而增加,同时残余位移也随着耗能钢筋配筋率增加;随着预应力轴压比的增加,P-STC 试件残余位移减小,但桥墩的延性同时降低。

④在循环加载过程中,P-RC 和 P-STC 试件墩底截面损伤不断累积,墩底截面混凝土逐渐退出工作,截面有效高度减小,耗能钢筋屈服,等效刚度和卸载刚度均不断减小。

⑤通过对拟静力试验结果和有限元数值模拟结果的对比分析发现,3 种不同类型的自复位预制拼装桥墩的试验结果与数值模拟结果均吻合良好,通过试验结果可以验证 OpenSees 有限元分析方法的准确性,说明采用 OpenSees 有限元模型模拟 P-STC 抗震性能研究具有可靠性。

第 3 篇

设计篇

第6章　山地城市高架桥梁抗震设计方法

随着我国交通基础建设的高速发展,越来越多的高架桥梁作为山地城市交通连接的重要通道应用在交通体系内。山地城市高架桥梁除了为日常的交通运行提供安全高效的服务功能外,在发生地震灾害后,还需承担起物资人员转移、应急救灾等城市交通的生命线工程。桥梁一旦在地震中损坏坍塌,就会使震区城市交通生命线中断,造成救援工作的巨大困难和生命财产的巨大损失。因此,山地城市高架桥梁在整个城市抗震防灾系统中有着极其重要的地位,世界各国均对桥梁抗震设计都给予高度重视,高架桥梁的抗震设计方法也取得了非常丰硕的成果。

6.1　抗震设计方法的发展

在对城市高架桥梁进行抗震设计研究前,需要对现有结构的抗震设计方法有足够的了解和研究。抗震设计初期阶段,抗震设防仅以保证结构安全为单一目标,抗震设计注重保证结构安全和人员生命安全。然而,世界各地历次地震出现的桥梁震害现象使城市经济损失巨大、震后修复工作困难,人们也逐渐发现了以往桥梁抗震设计中存在的缺陷和不足,这促使各国研究人员不断地对已有的抗震设计思想和方法进行反思,重新界定抗震设防水准与结构安全性和经济性之间的合理关系。抗震设计方法逐渐向安全、经济、保证结构性能等多方面发展。归纳总结,现今的抗震设计方法主要包括以下5种。

6.1.1　基于强度的抗震设计方法

基于强度的抗震设计方法包括静力法和反应谱法。静力法假设结构物与地震具有相同的振动规律,结构受到的地震作用看成作用在结构上的惯性力。惯性力的大小等于地面加速度与结构物质量的乘积,通过地面加速度的大小来反映地震作用的大小,进而对结构进行弹性静力分析。由于该方法将结构物看作刚体,因此从动力学角度分析,它忽略结构自身具有的动力特性对抗震的影响。

反应谱法则是在静力法的基础上,考虑了结构自身动力特性对地震作用影响的一种设计方法。该方法通过对不同自振周期结构的地震加速度记录数据进行拟合分析得到加速度曲线,进而得到考虑结构自身动力特性和地震作用关系的加速度反应谱。反应谱法虽然考虑了结构的动力特性对地震响应的影响,但是它仍然是把地震惯性力看作静力进行设计,无法考虑结构的弹塑性行为。

6.1.2　基于强度和构造保证延性的抗震设计方法

随着研究人员对结构震害现象的观察发现,在强烈的地震动作用下,结构强度不足不一定总是导致结构倒塌破坏。只要能够维持结构的初始强度,不出现因非弹性变形的加剧而导致强度过渡下降,则结构就能在地震中幸存,震后也可修复。自此,各国学者逐步认识到结构的延性能力对结构抗震性能有不可忽视的贡献作用。延性反应了结构非弹性变形的能力,这种能力能够保证强度不会因为发生非弹性变形而急剧下降。从图 6.1 中可以看出,在极限承载力相近的情况下,延性破坏模式的极限位移远大于脆性破坏,这就意味着地震作用下延性较好的结构可以通过变形耗散更多的能量,因此,延性大小是判断结构抗震性能强弱的重要标志。延性理论的提出使得抗震规范的主要设计思想逐步发展为"两阶段"设计方法,即"小震"作用下采用强度抗震设计法验算结构极限承载力,"大震"作用下通过相应的构造措施来保证结构的延性从而保证结构的抗震性能。

6.1.3　基于损伤和能量的抗震设计方法

虽然非弹性变形对结构的抗震性能有重要作用,但由于非弹性变形的不可恢复性也意味着结构产生了损伤,当地震作用下结构损伤达到一定程度就会导致其倒塌破坏。基于损伤的抗震设计方法以地震作用下结构的损伤作为控制参数,通过定义地震强度与损伤指标关系的损伤模型进行抗震设计分析。该方法的设计重点在于损伤模型的定义,虽然国内外学者已提出了多种损伤计算模型,但由于结构损伤的机理较为复杂,目前没有明确的损伤定义指标。

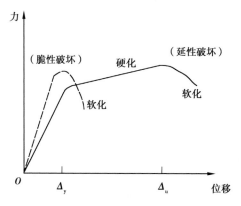

图 6.1　延性破坏与脆性破坏

基于能量的抗震设计方法以能量为设计指标,通过分析地震作用输入结构的能量和结构可耗散能量的大小关系来进行抗震设计。结构的耗能能力主要由结构所用的材料性能及构件间的连接方式等因素决定,只要结构的塑性变形和滞回耗能等可耗散的能量大于地震作用输入的能量,结构就处于安全状态,反之亦然。从能量角度理解结构的抗震原理虽简洁明了,但对结构的地震能量输入计算及不同结构体系的耗能能力计算仍有许多问题亟待解决。

6.1.4　基于性能的抗震设计方法

20 世纪 90 年代,美国学者 Bertero 提出了基于性能的抗震设计思想,目前已经广泛应用于各国的抗震设计规范中。基于性能的抗震设计方法要求结构在不同强度的地震作用下,考虑结构的重要性、功能需求和经济效益的合理关系,达到预期的性能目标,根据不同的性能目标提出不同的抗震设防标准。基于性能的抗震设计方法是结构抗震设计的一个重要发展方向,通过恰当选择结构形式和构造措施,可以实现在保证结构安全性的同时,又能经济可靠地保证结构的功能。

对性能水准的描述,目前主流的方法是以结构的位移响应作为结构性能指标来进行抗震设计,称为基于位移的抗震设计方法。该方法不同于传统设计法验算初始刚度下结构的位移限值,而是通过以目标位移作为设计变量来控制结构的行为,使得在一定水准的地震作用下结构的性能达到预期的性能水平。基于位移的抗震设计方法理论明确,且较易应用到工程实践中,是当今抗震设计方法中较为广泛应用的一种设计方法。根据设计思路的不同,大致可分为 3 种方法:延性系数法、能力谱法和直接基于位移的设计方法。

6.1.5　能力设计方法

能力设计方法基于超静定结构在地震作用下具有延性破坏机制的控制思想,通过一定的设计保证结构预期出现损伤和塑性变形的部位有足够的延性和滞回耗能能力,不发生脆性破坏,并保证结构的能力保护构件(脆性构件和不宜用于耗能的构件)具有足够的承载力。这一设计思想从"概念设计"的角度出发,通过合理引导地震作用下结构的破坏机制,从而规避结构的脆弱构件发生破坏导致结构损坏倒塌,降低结构对不确定因素的敏感性。能力设计方法可以有效保证结构的延性,并且可以和其他设计方法结合而形成一种有效的抗震设计方法,目前被许多国家的抗震设计规范采纳应用。

6.2　城市桥梁抗震设防标准

桥梁抗震设防的基本目的是在一定的经济条件下,最大限度地减轻桥梁的地震破坏,保障人民生命财产的安全,减少经济损失,更好发挥桥梁在抗震救灾系统中城市交通生命线的重要功能。为了实现这一目的,近年来许多国家的抗震设计规范都趋向于以"小震不坏、中震可修、大震不倒"作为抗震设计的基本准则,从而规定结构在不同地震作用下的设防目标,以此为基础开展结构的抗震设计。我国现行规范采用"三水准两阶段"抗震设计方法。"三水准"的抗震设防原则为:

第一水准:当遭受低于本地区抗震设防烈度的多遇地震(50 年超越概率 63%)影响时,结构一般不受损坏或不需修理仍可继续使用;

第二水准:当遭受相当于本地区抗震设防烈度(50 年超越概率 10%)影响时,有限损坏,但经及时修理即可恢复正常使用;

第三水准:当遭受高于本地区抗震设防烈度的预估罕遇地震(50 年超越概率 2%)影响时,结构严重损伤,但不致倒塌或发生危及生命安全的严重破坏,经加固后可恢复交通。

从一定意义上来说,"三水准"的抗震设防原则也是定义了结构的性能指标,体现了基于性能的抗震设计思想。目前,各国桥梁抗震规范的修订逐渐体现出基于性能的抗震设计思想,抗震设计方法也由原来的单一设防水准一阶段设计逐渐发展为双水准或三水准设防两阶段设计、三阶段设计,以及多水准设防多性能目标准则的基于性能的抗震设计方法。城市桥梁的抗震设防标准由社会经济状况、地震危险性和桥梁结构重要性等诸多因素决定。根据不同的地震作用,对不同重要性等级的桥梁采用不同的抗震设防目标,实现城市桥梁在各种地震作用下的破坏损失达到安全可靠和经济合理的优化平衡。现行的桥梁工程抗震设防标准在很大程度上是依据人们的主观经验和判断决定,一般考虑以下 3 个方面:

①桥梁的重要性、抢修和修复的难易程度;

②地震破坏后,桥梁结构功能丧失可能引发次生灾害的损失;

③建设单位所能承担抗震防灾的最大经济能力。

《城市桥梁抗震设计规范》(CJJ 166—2011)中将城市桥梁根据结构形式、在城市交通路网中位置和重要性以及承担的交通量,分为甲、乙、丙、丁 4 个抗震设防类别,并按 E1(小震)和 E2(大震)地震进行两阶段设计。不同类别的桥梁的抗震设防标准如表 6.1 所示。

表 6.1 城市桥梁抗震设防目标

桥梁抗震设防分类	E1 地震作用		E2 地震作用	
	震后使用要求	损伤状态	震后使用要求	损伤状态
甲	立即使用	结构总体反应在弹性范围,基本无损伤	不需修复或经简单修复可继续使用	可发生局部轻微损伤
乙	立即使用	结构总体反应在弹性范围,基本无损伤	经抢修可恢复使用,永久性修复后恢复正常运营功能	有限损伤
丙	立即使用	结构总体反应在弹性范围,基本无损伤	经临时加固,可供紧急救援车辆使用	不产生严重的结构损伤
丁	立即使用	结构总体反应在弹性范围,基本无损伤	—	不致倒塌

6.3　山地城市高架桥梁抗震概念设计

桥梁结构的抗震设计主要包括"概念设计"和"数值设计"。抗震概念设计作为抗震设计的前提条件,是基于地震灾害和工程经验等建立的抗震设计基本原则和思想,从提高桥梁结构抗震性能的宏观角度出发,用符合工程客观规律和本质的方法正确解决桥梁总体布置、材料使用和细部构造设计。现阶段,我国高架桥梁的抗震设计主要有延性抗震设计及减隔抗震设计两种体系。

延性抗震设计基本思路是提高桥梁的弹塑性变形能力,地震下利用桥墩形成塑性铰以降低刚度延长结构周期,耗散地震能量,从而主动提高桥梁抗震性能,避免桥梁结构倒塌。

减隔震设计是从控制地震作用对桥梁结构影响的传播途径角度,通过设置特定的减隔震装置来承担地震引起的变形,耗散地震输入结构的能量,延长结构周期,从而减少桥梁的地震反应,避免桥梁主体结构发生过大的地震损伤破坏。

为保证桥梁结构延性,同时最大限度地避免地震作用的随机性,目前许多国家的桥梁抗震规范采用能力保护设计方法的基本思想,通过设计使结构体系中的延性构件和能力保护构件形成强度等级差异,确保结构构件不发生脆性的破坏模式。基于能力设计原则,山地城市高架桥梁抗震设计过程应考虑以下 4 个方面:

①选择合理的结构体系,包括桥位、上下部结构形式、结构连接以及配筋方式等。

②选择地震中预期出现的塑性铰的合理位置,对于桥梁结构,塑性铰的位置一般选择出现在墩柱上,如图 6.2 所示,墩柱作为延性构件设计,可以发生弹塑性变形,耗散地震能量。

③确立适当的强度等级,确保预期出现塑性铰的构件不发生脆性的破坏模式,并根据能力保护原则进行能力保护构件设计,确保桥墩的盖梁、节点及基础等能力保护构件处于弹性反应范围。

④抗震构造细节设计和减隔震措施设计。采用减隔震设计措施时,可在一定程度避免桥墩的损伤,震后的修复工作相对简单,整体工程造价也可以大大降低。

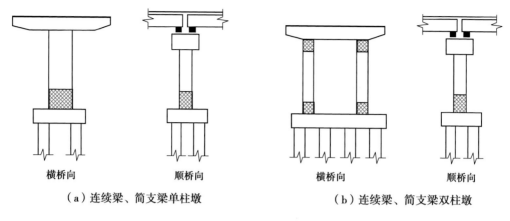

横桥向   顺桥向   横桥向   顺桥向

（a）连续梁、简支梁单柱墩   （b）连续梁、简支梁双柱墩

图 6.2　墩柱塑性铰区域

6.4　抗震设计方法

当前桥梁的抗震设计方法主要有基于强度和基于位移的抗震设计方法。基于强度的抗震设计方法首先是根据反应谱或等效静力法考虑综合影响系数或反应修正系数计算地震作用效应,然后根据地震作用效应检算或设计结构构件的强度,为目前国内外主要的现行规范所采用,如美国的 AASHTO 规范、欧洲的 EU-ROCODE8 规范以及我国的公路和铁路工程抗震设计规范都是采用基于强度的抗震设计方法。

基于位移的抗震设计方法是当前发展起来的一种新的抗震设计方法,在进行结构抗震设计时强调位移设计和检算,为最新的 Caltrans(加利福尼亚州运输部简称)1999年版抗震设计准则所采用。

为了实现三级抗震设防原则,在进行城市高架桥抗震设计时,建议多遇地震作用主要检算强度,而罕遇地震作用时主要检算结构的变形能力。采用三阶段设计来实现抗震三级设防的具体过程,如图 6.3 所示。其主要设计内容包括:

①确定地震中预期的延性构件和能力保护构件,选择地震中延性构件潜在的塑性铰位置。

②进行多遇地震、设计烈度地震和罕遇地震作用下结构地震反应分析。多遇地震作用下的地震反应分析可采用反应谱方法,而设计烈度和罕遇地震作用下的地震反应分析应采用非线性时程方法。

③根据箍筋约束混凝土的应力-应变曲线进行立柱塑性铰区域的转动能力分析,

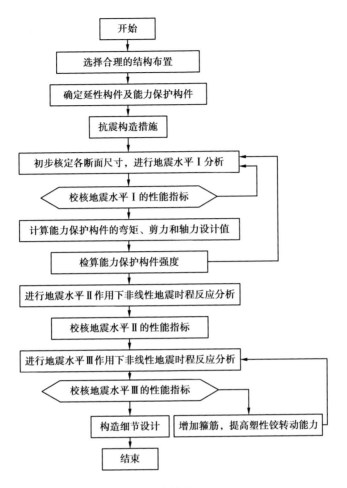

图 6.3　高架桥梁三阶段设计过程

以确定立柱塑性铰区域的容许转动能力。

　　④进行多遇地震作用下立柱强度检算;设计烈度地震作用下桥梁上部结构和下部结构的连接构件检算;罕遇地震作用下立柱塑性铰区域的转动能力检算。

　　⑤根据能力保护原则进行能力保护构件设计,以确保在地震作用下能力保护构件处于弹性反应范围。

　　⑥抗震构造细节设计。

6.5 设计案例

6.5.1 主要结构的抗震设计情况

呼和浩特市三环快速路属重要的生命线工程,对促进呼和浩特市公路交通体系的快速建成,有效满足市民的交通需求,为居民提供高效优质的出行服务具有重要作用。其一旦在地震中遭到破坏,可能导致巨大的生命与财产损失。因此,进行正确的抗震分析,确保三环快速路桥梁的抗震安全性具有非常重要的意义,主要研究内容如下:

①针对呼和浩特市三环快速路的9种不同设计区段,分别建立该桥及其两侧相接的桥跨结构空间动力计算模型,分析结构动力特性。

②根据设计图纸,利用非线性时程法对结构地震反应进行分析。根据《城市桥梁抗震设计规范》(CJJ 166—2011)关于减隔震桥梁的一般规定,"采用减隔震设计的桥梁可只进行 E2 地震作用下的抗震设计和验算",主要研究了呼和浩特市三环快速路 9 种不同的区段在 E2 地震作用下(50 年超越概率 2%)的地震响应;对区段 6、区段 8 和区段 9,由于采用了双曲面减隔震支座,在 E1 地震作用下(50 年超越概率 10%)要求全桥横桥向和固定墩的纵桥向保持墩-梁固结,所以对区段 6、区段 8 和区段 9 增加了E1 地震作用下地震响应的计算。由于三环快速路南段有部分三类场地,本报告在二类场地的基础上,对主线标准段(区段 1)、主线 50 m 跨径节点桥(区段 2)、主线高架桥变墩段(区段 3)和 B、C 匝道桥(区段 4 和区段 5)增加了三类场地的计算结果。

③分别对三环快速路的9种不同区段的墩柱和桩基给出了相应的建议配筋率,对区段 1—区段 5 和区段 7(采用铅芯橡胶支座的区段)进行了 E2 地震作用下的抗震性能验算;对区段 6、区段 8 和区段 9(采用双曲面支座)进行了 E1 和 E2 两种地震作用下的抗震性能验算;最终给出了结构抗震性能安全性评价。

6.5.2 抗震设防标准与性能目标

确定工程的抗震设防标准是一项经济性和政策性很强的工作。既要保证桥梁的抗震安全性,又不致使造价增加太多。所以,需要在经济与安全之间进行合理平衡,这是桥梁抗震设防的合理原则。结合《城市桥梁抗震设计规范》(CJJ 166—2011)和《公路桥梁抗震设计规范》(JTG/T 2231-01—2020),对呼和浩特市三环快速路桥梁按《城市桥梁抗震设计规范》(CJJ 166—2011)中的乙类桥梁,采用 E1 地震作用和 E2 地震作用两种地震动水平进行抗震设防。

参考《城市桥梁抗震设计规范》(CJJ 166—2011)相关条款,呼和浩特市三环快速路相应的性能目标为:E1 地震作用下,结构总体反应在弹性范围,基本无损伤,可在震后立即使用;E2 地震作用下,可发生混凝土保护层脱落、结构发生弹塑性变形等可修复破坏,地震后数天内可恢复部分交通,永久修复后可恢复正常运营功能。

6.5.3　地震动输入

1)反应谱

呼和浩特市三环快速路建桥场地的抗震设防烈度为 8 度,设计基本地震动加速度为 $0.2g$,场地有二类场地和三类场地两种。水平向设计加速度反应谱谱值可按式(6.1)确定:

$$S = \begin{cases} 0.45S_{\max} & (T = 0s) \\ \eta_2 S_{\max} & (0.1s < T \leq T_g) \\ \eta_2 S_{\max}\left(\dfrac{T_g}{T}\right)^{\gamma} & (T_g < T \leq 5T_g) \\ \left[\eta_2 0.2^{\gamma} - \eta_1(T - 5T_g)\right]S_{\max} & (5T_g < T \leq 6s) \end{cases} \tag{6.1}$$

$$S_{\max} = 2.25A \tag{6.2}$$

式中　T_g——特征周期;

　　　η_2——结构阻尼调整系数;

　　　A——E1 或 E2 地震作用下水平向地震动峰值加速度;

　　　γ——自特征周期至 5 倍特征周期区段曲线衰减指数;

　　　η_1——5 倍特征周期至 6 s 区段直线下降段下降斜率调整系数;

　　　T——结构自振周期。

根据《城市桥梁抗震设计规范》(CJJ 166—2011),设计加速度反应谱参数见表 6.2。

表 6.2　设计加速度反应谱(阻尼比 5%)

地震作用	地震调教系数	特征周期/s	加速度反应谱峰值/g
二类场地 E1	0.61	0.4	0.274 5

续表

地震作用	地震调教系数	特征周期/s	加速度反应谱峰值/g
二类场地 E2	2	0.45	0.9
三类场地 E1	0.61	0.55	0.274 5
三类场地 E2	2	0.6	0.9

图 6.4 所示地震动加速度反应谱曲线给出了呼和浩特市三环快速路二类场地和三类场地对应的 E1 和 E2 地震作用下的水平加速度反应谱曲线。

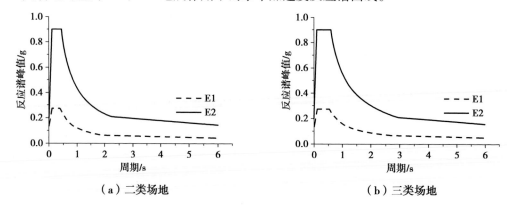

（a）二类场地　　　　　　　　　　　　（b）三类场地

图 6.4　地震动加速度反应谱曲线

2）时程曲线

根据反应谱，采用软件生成相应场地下的地震波，将其用于非线性时程分析。用于本桥时程分析的加速度时程曲线如图 6.5 至图 6.8 所示。

6.5.4　计算分析结果

1）地震反应分析

根据《城市桥梁抗震设计规范》（CJJ 166—2011）关于减隔震桥梁的一般规定，"采用减隔震设计的桥梁可只进行 E2 地震作用下的抗震设计和验算"，本章主要研究了呼和浩特市三环快速路的 9 种不同的区段在 E2 地震作用下（50 年超越概率 2%）的地震响应；对区段 6、区段 8 和区段 9，由于采用了双曲面减隔震支座，在 E1 地震作用下（50 年超越概率 10%）要求全桥横桥向和固定墩的纵桥向保持墩-梁固结，所以对区段 6、区段 8 和区段 9 增加了 E1 地震作用下的地震响应计算结果。

由于呼和浩特市三环快速路南段有部分三类场地，本章在二类场地的基础上，对主线标准段（区段 1）、主线 50 m 跨径节点桥（区段 2）、主线高架桥变墩段（区段 3）和

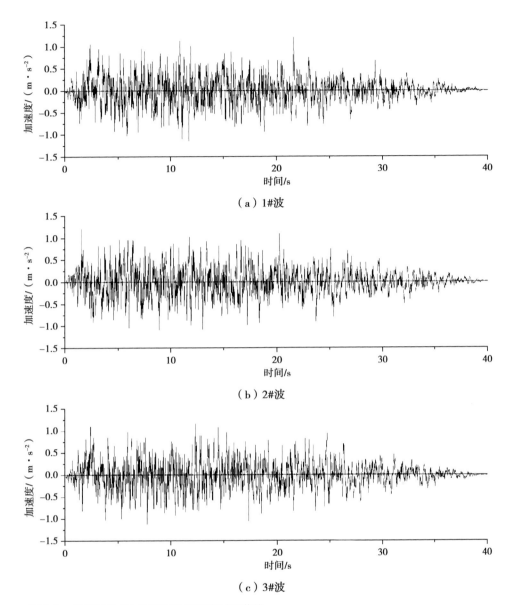

（a）1#波

（b）2#波

（c）3#波

图 6.5　二类场地 E1 地震作用加速度时程曲线

B 匝、C 匝道桥（区段 4 和区段 5）增加了三类场地的计算结果。

　　呼和浩特市三环快速路的下部结构共有四墩门式框架、三墩门式框架、双墩门式框架和单墩 4 种结构形式。为了确定横桥向地震输入下多墩门式框架抗震性能验算的控制截面位置,本章给出了横桥向地震输入下,多墩门式框架结构的桥墩弯矩包络图,如图 6.9 所示。

　　从图 6.9 中可以看出,对多墩门式框架,横桥向地震输入下桥墩的弯矩最大值出现在墩底或墩顶位置,所以在横桥向地震输入下,取多墩门式框架的墩底和墩顶截面

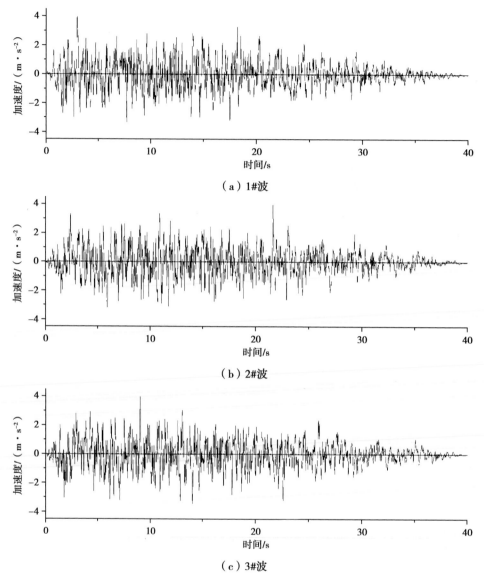

（a）1#波

（b）2#波

（c）3#波

图 6.6　二类场地 E2 地震作用加速度时程曲线

为控制截面。对单柱墩或纵桥向地震输入下的多墩门式框架,取墩底作为控制截面。

2）截面抗震验算

桥墩及桩基础各关键截面的抗弯能力(强度)采用纤维单元进行弯矩-曲率(考虑相应轴力)分析获得,如图 6.10 所示。

此外,由于地震为偶遇荷载,对 E1 地震作用下的反应,验算中相应的材料强度均为规范中的设计值;对 E2 地震作用下的反应,验算中相应的材料强度均为规范中相应的标准值。同时,不再考虑材料的安全分项系数。根据《城市桥梁抗震设计规范》

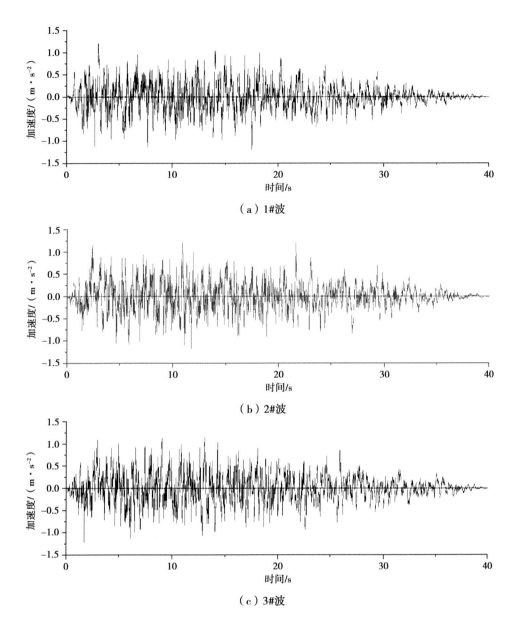

（a）1#波

（b）2#波

（c）3#波

图 6.7　三类场地 E1 地震作用加速度时程曲线

（CJJ 166—2011）关于减隔震桥梁抗震验算的相关规定，"E2 地震作用下，桥墩墩台和基础的验算，应将减隔震装置传递的水平力除以 1.5 的折减系数后，按现行行业标准进行验算"，因此，对 E2 地震作用下墩底和桩基折减后的内力进行验算。

根据前述对桥梁抗震性能的要求，桥墩及桩基各关键截面的验算方法如下：

首先，将桥墩及桩基截面划分为纤维单元，在划分纤维单元时，混凝土、钢筋和钢板单元分别划分，并分别采用实际的应力-应变关系。利用截面数值积分法进行弯矩-曲率分析（考虑相应轴力），得到如图 6.10 所示的弯矩-曲率曲线。其中，M_y 为截面最

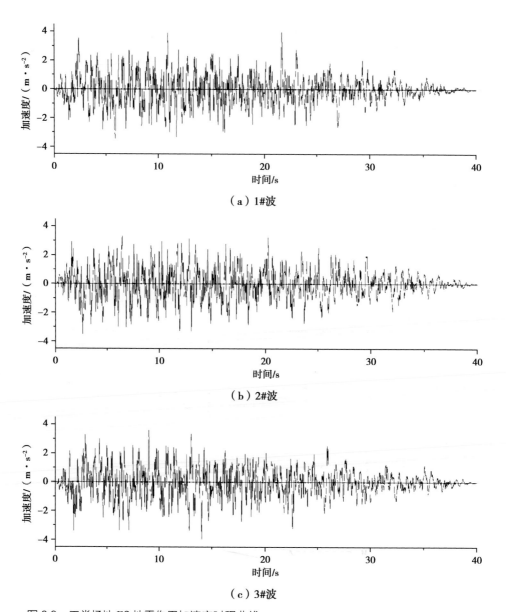

（a）1#波

（b）2#波

（c）3#波

图 6.8　三类场地 E2 地震作用加速度时程曲线

外层钢筋首次屈服时对应的初始屈服弯矩；M_u 为截面极限弯矩；M_{eq} 为截面等效抗弯屈服弯矩，即把实际弯矩-曲率曲线按能量等效的原则等效为理想弹塑性双线性恢复模型时的等效抗弯屈服弯矩。具体验算方法如下：

①在 E1 地震作用下，墩柱截面和桩基截面要求其在地震作用下的截面弯矩应小于截面初始屈服弯矩 M_y。由于 M_y 为截面最外层钢筋首次屈服时对应的初始屈服弯矩，因此，当地震反应弯矩小于初始屈服弯矩时，整个截面保持在弹性范围，结构基本无损伤，满足 E1 地震水平下的性能目标。

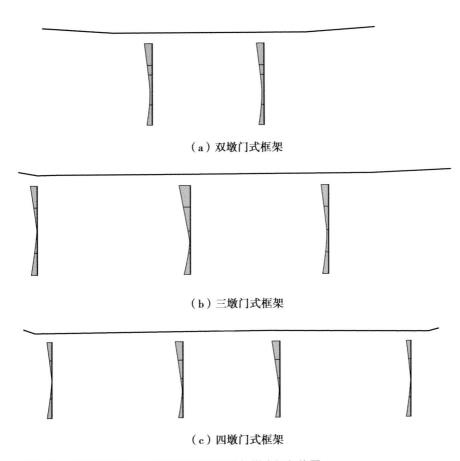

（a）双墩门式框架

（b）三墩门式框架

（c）四墩门式框架

图 6.9　横桥向地震输入下多墩门式框架的桥墩弯矩包络图

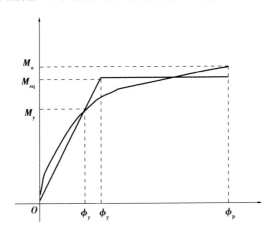

图 6.10　截面弯矩-曲率曲线及等效弯矩计算

②在 E2 地震作用下，墩柱截面和桩基截面要求其在地震作用下的截面弯矩应小于截面等效抗弯屈服弯矩 M_{eq}。从理想的弹塑性双线性恢复模型来看，当地震反应小于等效抗弯屈服弯矩 M_{eq} 时，结构整体反应还在弹性范围。实际上，在地震过程中，对

应于等效抗弯屈服弯矩 M_{eq},截面上还有部分钢筋进入了屈服,研究表明:截面的裂缝宽度可能会超过容许值,但混凝土保护层完好(对应保护层损伤的弯矩为截面极限弯矩 M_u,$M_{eq} \leq M_u$)。由于地震过程的持续时间比较短,地震后,因结构自重,地震过程开展的裂缝一般可以闭合,不影响使用,满足 E2 作用下局部可发生可修复的损伤,地震发生后,基本不影响车辆通行的性能要求。

③根据设计图纸的截面形式进行验算,并给出建议配筋率。

3)抗震分析结论

针对呼和浩特市三环快速路工程桥梁的 9 种不同的设计区段,分别建立该桥及其两侧相接的桥跨结构空间动力计算模型,分析结构动力特性。主要研究了呼和浩特市三环快速路 9 种的不同的区段在 E2 地震作用下(50 年超越概率 2%)的地震响应;对区段 6、区段 8 和区段 9,由于采用了双曲面减隔震支座,在 E1 地震作用下(50 年超越概率 10%)要求全桥横桥向和固定墩的纵桥向保持墩-梁固结,所以对区段 6、区段 8 和区段 9 增加了 E1 地震作用下地震响应的计算。由于三环快速路南段有部分三类场地,本章在二类场地的基础上,对主线标准段(区段 1)、主线 50 m 跨径节点桥(区段 2)、主线高架桥变墩段(区段 3)和 B 匝、C 匝道桥(区段 4 和区段 5)增加了三类场地的计算结果。

按照规范要求进行相应的抗震验算,得到桥墩和桩基建议配筋率。区段 3 的墩柱建议配筋率见表 6.3,区段 6 的墩柱建议配筋率见表 6.4,其余区段的墩柱建议配筋率见表 6.5。区段 6 的桩基建议配筋率见表 6.6,其余区段桩基的建议配筋率见表 6.7。

表 6.3　区段 3 的墩柱建议配筋率

墩　号	墩柱位置	截　面	建议配筋率/%
P1	边墩	1—1	1.87
	边墩	2—2	1.43
	中墩	1—1	1.67
	中墩	2—2	1.24
P2	边墩	1—1	1.87
	边墩	2—2	1.43
	中墩	1—1	1.67
	中墩	2—2	1.24
P3	边墩	1—1	1.87
	边墩	2—2	1.43
P3	中墩	1—1	1.67
	中墩	2—2	1.24

续表

墩　号	墩柱位置	截　面	建议配筋率/%
P4	边墩	1—1	1.87
	边墩	2—2	1.43
	中墩	1—1	1.67
	中墩	2—2	1.24
P5	边墩	1—1	1.87
	边墩	2—2	1.43
	中墩	1—1	1.67
	中墩	2—2	1.24
P6	边墩	1—1	1.77
	边墩	2—2	1.39
	中墩	1—1	1.59
	中墩	2—2	1.22
P7	边墩	1—1	1.77
	边墩	2—2	1.39
	中墩	1—1	1.59
	中墩	2—2	1.22
P8	—	1—1	1.77
	—	2—2	1.39
P9	—	1—1	1.77
	—	2—2	1.39
P10	—	1—1	1.77
	—	2—2	1.39
P11	—	1—1	1.77
	—	2—2	1.39

表 6.4　区段 6 的墩柱建议配筋率

墩　号	墩柱位置	截　面	建议配筋率/%
P1	边墩	1—1	1.87
	边墩	2—2	1.43
	中墩	1—1	1.87
	中墩	2—2	1.43
P2	—	1—1	1.87
	—	2—2	1.43
P3	—	1—1	1.87
	—	2—2	1.43
P4	—	1—1	1.87
	—	2—2	1.43
P5	—	1—1	1.87
	—	2—2	1.43

表 6.5　区段 1、区段 2、区段 4、区段 5、区段 7 至区段 9 的墩柱建议配筋率

墩　号	截　面	建议配筋率/%					
		区段 1 和区段 2	区段 4	区段 5	区段 7	区段 8	区段 9
P1	1—1	1.78	1.81	1.81	1.87	1.66	1.78
	2—2	1.78	—	—	1.43	—	—
P2	1—1	1.78	1.94	1.94	1.87	1.66	1.61
	2—2	1.78	—	—	1.43	—	—
P3	1—1	1.78	1.94	1.94	—	1.66	1.61
	2—2	1.78	—	—	—	—	—
P4	1—1	1.78	1.94	1.94	—	1.66	1.61
	2—2	1.78	—	—	—	—	—
P5	1—1	1.52	1.94	1.94	—	1.66	1.78
	2—2	1.52	—	—	—	—	—

续表

墩　号	截　面	建议配筋率/%					
		区段 1 和区段 2	区段 4	区段 5	区段 7	区段 8	区段 9
P6	1—1	1.52	1.94	1.94	—	—	—
	2—2	1.52	—	—	—	—	—
P7	1—1	—	1.94	1.94	—	—	—
	2—2	—	—	—	—	—	—
P8	1—1	—	1.94	1.81	—	—	—
	2—2	—	—	—	—	—	—
P9	1—1	—	1.94	—	—	—	—
	2—2	—	—	—	—	—	—
P10	1—1	—	1.94	—	—	—	—
	2—2	—	—	—	—	—	—
P11	1—1	—	1.94	—	—	—	—
	2—2	—	—	—	—	—	—
P12	1—1	—	1.81	—	—	—	—
	2—2	—	—	—	—	—	—

表 6.6　区段 6 的桩基建议配筋率

桩　号	桩基位置	建议配筋率/%
P1	边桩	1.18
	中桩	1.00
P2	—	1.00
P3	—	1.00
P4	—	1.00
P5	—	1.00

表 6.7　区段 1 至区段 5、区段 7 至区段 9 的桩基建议配筋率

桩　号	建议配筋率/%						
	区段 1 和区段 2	区段 3	区段 4	区段 5	区段 7	区段 8	区段 9
P1	1.00	1.00	1.18	1.18	1.00	1.00	1.00
P2	1.00	1.00	1.18	1.18	1.00	1.00	1.00
P3	1.00	1.00	1.18	1.18	1.00	1.00	1.00
P4	1.00	1.00	1.18	1.18	1.00	1.00	1.00
P5	1.00	1.00	1.18	1.18	1.00	1.00	1.00
P6	1.00	1.00	1.18	1.18	—	—	—
P7	—	1.00	1.18	1.18	—	—	—
P8	—	1.00	1.18	1.18	—	—	—
P9	—	1.00	1.18	—	—	—	—
P10	—	1.00	1.18	—	—	—	—
P11	—	1.00	1.18	—	—	—	—
P12	—	—	1.18	—	—	—	—

注:表中每一设计区段的各桩基配筋率均相等,故此表只列出了每一区段的相应桩号,不再对每一区段的各桩基位置进行说明。并得出如下结论:

①E1 地震作用:在纵、横桥向地震输入下,所有墩柱截面及桩基础最不利单桩截面地震弯矩小于按材料设计值算出的初始屈服弯矩,截面保持为弹性工作状态;

②E2 地震作用:在纵、横桥向地震输入下,所有墩柱截面及桩基础最不利单桩截面地震弯矩小于按材料标准值算出的等效屈服弯矩,截面基本保持为弹性工作状态。

对三墩门式框架和四墩门式框架结构,按横桥向将墩柱分为边墩和中墩;对双墩门式框架结构,由于两墩的配筋相同,故本节只列出了单个墩柱的建议配筋率;对多墩门式框架结构,本章分别给出了墩底截面(1—1)和墩顶截面(2—2)的建议配筋率。

对区段 1 至区段 5 和区段 7,建议采用的铅芯橡胶支座参数,见表 6.8。

表 6.8　建议采用的铅芯橡胶支座参数

区段编号	支座位置	铅芯橡胶支座	尺寸/mm	竖向承载力/kN	屈服力/kN	屈前刚度/(kN·m⁻¹)	屈后刚度/(kN·m⁻¹)
1	中间墩	J4Q	570×670	3 000	193	20 400	3 100
	交界墩	J4Q	470×570	2 000	150	12 900	2 000

区段编号	支座位置	铅芯橡胶支座	尺寸/mm	竖向承载力/kN	屈服力/kN	屈前刚度/(kN·m⁻¹)	屈后刚度/(kN·m⁻¹)
2	交界墩	J4Q	570×570	2 500	171	16 500	2 500
3	中间墩	J4Q	570×670	3 000	193	20 400	3 100
	交界墩	J4Q	470×570	2 000	150	12 900	2 000
4	中间墩	J4Q	720×720	4 500	267	19 400	3 000
	交界墩	J4Q	570×670	3 000	193	20 400	3 100
5	中间墩	J4Q	720×720	4 500	267	19 400	3 000
	交界墩	J4Q	570×670	3 000	193	20 400	3 100
7	交界墩	J4Q	570×570	2 500	171	16 500	2 500

对区段 6、区段 8 和区段 9,建议采用的双曲面减隔震支座参数,见表 6.9。

表 6.9　建议采用的双曲面减隔震支座参数

区段编号	滑动面曲率半径/m	摩擦系数	初始滑动位移/m	容许位移/m	剪断力/kN 纵向	横向
6	5	0.03	0.002	0.239	374	2 779
8	5	0.03	0.002	0.226	左幅:1 096 右幅:2 166	左幅:2 430 右幅:2 007
9	5	0.03	0.002	0.290	1 305	2 656

第7章 基于自恢复的城市高架桥梁设计方法

7.1 概 述

桥梁抗震设计方法是根据实际工程背景,构建出符合抗震要求的结构。在我国当前的桥梁设计中普遍采用"三水准二阶段"的设计准则。其中,二阶段主要是指:

①在多遇地震作用下,桥梁结构主要处于弹性状态,以强度控制作为破坏控制准则;

②在罕遇地震作用下,容许桥梁结构发生塑性破坏,但不容许桥梁结构发生倒塌,以结构的延性作为破坏控制准则。

为了实现"三水准二阶段"的设计准则,中外学者提出和完善了基于性能的抗震设计思想(Performance-Based Seismic Design,PBSD)。在这种设计思想中,针对不同的设防水准制订相应的性能指标,通过设计使结构在不同水准地震作用下的响应满足预期的抗震性能指标。对于桥墩构件来说,基于性能的抗震设计可以直接通过基于位移的抗震设计方法来实现。

本章针对采用无黏结预应力钢管混凝土预制拼装桥墩,提出了相应的设计方法和设计流程,并通过桥梁实例验证该设计方法的可靠性和有效性。本章主要包括以下内容:

①选取典型的 P-STC 桥墩自复位性能设计实用指标。

②对 P-STC 桥墩的接缝截面从初始阶段、消压临界状态和开裂阶段进行受力与变形分析,并通过迭代法获取桥墩的弯矩转角曲线。

③建立 P-STC 桥墩设计流程,考虑耗能钢筋配筋率和预应力钢筋初始轴压比的影响,并以桥墩的残余位移作为控制指标。

④以实桥为背景,通过本章所建立的 P-STC 桥墩设计流程进行抗震设计,然后建立全桥的纤维有限元模型,并进行非线性时程分析,对该设计方法的有效性进行验证。

7.2　P-STC 桥墩自复位性能设计实用指标

随着城市化和交通建设的不断飞速发展,人口密度和经济财富也在随之增长,因地震而造成的人员伤亡和经济损失也越来越大,桥梁作为交通的咽喉,其受损程度更为严重。而桥梁抗震设计也从传统的延性抗震设计,逐步向基于性能的抗震设计方向发展。故在评价桥墩抗震性能时,不能只以生命安全和桥梁不发生倒塌的评价指标,对其损伤状态进行合理评估是桥梁地震损伤评估的一个关键问题,于是专家学者们对桥墩抗震性能评价指标进行了相关研究。

2010 年,Kowalsky 等人针对单墩,首次建立了以位移为评判的评价指标。其首先通过地震设防等级和桥墩性能要求,确定出相应地震等级下的桥墩目标评价位移,其次采用等效线性化理论计算结构的位移需求,并通过调整结构设计参数使之与目标评价位移相等;后续又补充了单墩损伤的目标评价位移确定方法,建立了桥梁单墩的目标位移评价方法。

2015 年,王义等人针对铁路桥梁桥墩,采用了理论分析及数值模拟相结合的方法,系统地研究了考虑土-结构相互作用下桩基桥墩的非线性性能,对考虑土-结构相互作用下桩基桥墩的抗震性能评估方法进行了研究。其提出了以墩顶位移角为损伤指标的桥梁抗震性能评价指标,该指标对桥墩的墩顶位移提出了更加严格的限制。

2017 年,马高等人以双线型单自由度体系为计算模型,选取了中国规范对应的 4 种场地 120 条地震动,通过弹塑性动力时程分析,分析了场地条件、屈服后刚度比、强度折减系数和周期等参数对残余位移的影响。分析结果表明,屈服后刚度比和周期是影响残余位移的主要因素,强度折减系数对残余位移的影响不大。相关性分析表明,结构的残余位移与最大位移、滞回耗能之间存在较好的线性关系。以 Park-Ang 损伤模型为基础,提出了震后单自由度体系基于残余位移的评价方法,故桥墩的残余位移对地震灾区震损结构性能的评价具有重要意义。

2020 年,孙广俊等人选取桥墩位移角作为桥墩地震损伤的评估指标,首先通过对来自不同桥墩抗震试验数据的统计分析和分布拟合,确定不同损伤状态下的桥墩位移角限值。其次考虑轴压比的影响,对桥墩位移角损伤指标进行修正。最后选取高烈度地区具有代表性的桥墩进行循环荷载下的抗震性能数值模拟,对所给出的桥墩位移角损伤指标取值进行验证。其表明,相比于其他非位移角指标,采用考虑轴压比修正的桥墩位移角作为评估指标可以更合理地评价桥墩在地震中的损伤情况,为评估桥梁整体地震损伤状态提供依据。

从上述桥墩抗震性能评价指标研究发现,桥墩变形能力是表征桥墩抗震性能的重要因素,该指标在试验或实际工程中容易获取,故残余位移或转角能较好地作为桥墩抗震性能评价指标。且对本书所研究的预制拼装桥墩,残余位移是研究其桥墩自复位性能的关键。

对评价桥墩抗震性能,各国学者和机构对在具有自复位性能的桥墩体系进行研究的同时也提出了对应的抗震性能评价指标,其主要分为损伤指标和可恢复指标,各指标对评价桥墩滞回耗能和自复位性能有着重要意义,各专家学者也开展了相应的研究。

桥墩损伤指标是桥墩受到的伤害或损伤程度,反映地震荷载作用下桥墩脆弱性的一个指标。艾庆华等人利用塑性铰模型,对残余位移、极限曲率及曲率延性系数、纵筋和混凝土的最大应变、纵筋低周疲劳损伤等桥墩地震损伤量化指标进行分析,发现塑性铰模型对上述损伤指标进行估计的准确程度及主要影响因素;申彦利等人为克服以墩顶位移或控制截面曲率作为损伤参数进行桥墩易损性分析的不足,基于墩顶位移和弹塑性耗能差率构建复合损伤指标,可用于桥墩的易损性分析;董振华等人提出了考虑残余位移和累积耗能的综合损伤指标,根据既有 RC 柱的损伤等级划分标准,并与水平单向拟静力荷载作用下模型墩柱受力性能的试验结果进行对比,其结果表明:提出的综合损伤模型可准确判别试验桥墩的各损伤程度。

对桥墩自恢复指标,其主要为桥墩中弹性单元的恢复力和弹塑性单元的能量耗散力的比值,反映桥墩在震后功能的可恢复性。在桥墩延性设计中,存在着震后残余位移变形过大的问题,而对自复位结构,各国学者和机构对具有自复位性能的桥墩体系进行研究的同时也提出了对应的自复位性能评价指标,重点包括以残余位移为主的位移类指标和结构自复位力为主的抗力类指标。

7.2.1　位移类指标

在抗震性能分析中,残余位移的大小最直接地体现了桥墩在地震作用下的恢复能力,残余位移成为量化分析自复位性能的主要指标。

日本规范采用残余漂移率 x_{rs} 对桥墩的自复位能力进行评价,并要求:

$$x_{rs} \leqslant x_{rsa}$$

式中　x_{rs}——桥墩残余位移率;

x_{rsa}——桥墩允许残余位移率,取墩底到上部结构惯性力作用位置高度的1%。

7.2.2　抗力类指标

抗力类指标通常采用结构中自复位构件和能量耗散构件对结构地震抗力的比值

来评价结构的自复位能力。

《新西兰标准混凝土结构规范》(NZS3101—2006)采用指标 λ 衡量桥墩的自复位能力,其计算式为:

$$\lambda = \frac{M_{pts} + M_N}{M_s}$$

式中　M_{pts},M_N,M_s——无黏结预应力钢筋、桥梁自重和普通钢筋对结构抗弯能力的贡献。

通过设计保证 λ 大于 1.15~1.25 时,桥墩具有良好的自复位能力。

Palermo 等人提出采用自复位系数 λ_{S-C} 衡量桥墩的自复位能力,其计算式为:

$$\lambda_{S-C} = \frac{M_{S-C}}{M_{EB}}$$

式中　M_{S-C},M_{EB}——无黏结预应力钢筋和上部恒载提供的墩底截面自复位弯矩和耗能钢筋提供的墩底截面耗能弯矩。

建议通过设计保证 $\lambda_{S-C}>1.25$,可实现桥墩具有良好的自复位能力。

2010 年,Kam 等人提出了采用自复位系数 λ 衡量桥墩的自复位能力,其计算式为:

$$\lambda = \frac{F_{rec}}{F_{dis}}$$

式中　F_{rec},F_{dis}——弹性单元提供的恢复力和弹塑性单元提供的能量耗散力;通过设计保证 $\lambda_1>1.0$ 时,桥墩具有良好的自复位能力。

由上述分析研究可知,通过残余位移和桥墩中自复位构件对桥墩抵抗力的贡献比值等指标可以对不同的桥墩自恢复能力进行评价,并以自复位性能的指标表征 P-STC 桥墩震后功能可恢复性,可为工程设计提供简单实用的技术指标标准。

7.3　桥墩接缝截面受弯极限状态下的受力和变形分析

7.3.1　P-STC 桥墩应力特征状态

P-STC 桥墩体系在桥墩和承台之间形成摇摆接触面,利用无黏结预应力钢筋将预制的钢管混凝土墩柱和混凝土承台连接拼装成一个整体,并在墩柱中布设足够的耗能钢筋。利用预应力效应和上部结构自重为桥墩提供恢复力,利用耗能钢筋为桥墩提供耗能能力;耗能钢筋在摇摆接触面上下设置无黏结长度段来控制耗能钢筋的拉应变,防止接缝处耗能钢筋被过早拉断。在对预制好的钢管混凝土墩身与承台进行拼装时,在两者之间设置 UHPC 坐垫层,以起到找平的作用。在地震作用下桥墩的损伤主要集中在接缝截面和耗能钢筋上,从而保证了墩柱整体处于弹性状态,同时可以大幅降低桥墩的残余位移。

对 P-STC 桥墩利用解析法对其接缝截面受弯极限状态受力分析,其接缝截面工作状态在地震水平力的作用下可分为 3 个阶段:初始阶段、消压临界状态和接缝开裂阶段,如图 7.1 所示。图中 N 为轴向压力,包括预应力和恒载轴压力,V 为水平推力,d 为加载方向桥墩的直径,θ 为墩底接缝转角,c 为墩底截面的受压区高度。

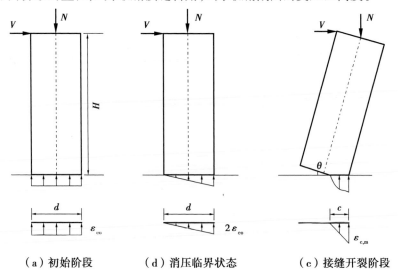

|（a）初始阶段|（d）消压临界状态|（c）接缝开裂阶段|

图 7.1　接缝工作状态

①初始阶段:该阶段接缝整体处于闭合状态,预制拼装钢管混凝土柱在弹性范围工作,如图 7.1(a)所示,接缝截面转角 θ 为 0,接缝截面曲率 φ 为:

$$\varphi = \frac{M}{(EI)_{\text{eff}}} = \frac{V \times H}{(EI)_{\text{eff}}} \tag{7.1}$$

式中　$(EI)_{\text{eff}}$——钢管约束混凝土的截面有效抗弯刚度。

该阶段墩底接缝处于闭合状态,墩柱在弹性范围内工作,如图 7.1(a)所示,截面接缝转角 θ 的初始值为 0。当 $V = 0$ kN 时,墩底截面的应变和应力呈矩形分布;当 $V > 0$ kN 时,墩底截面的应变和应力逐步变化,呈梯形分布。

②消压临界状态:当水平作用力继续增大时,墩底截面混凝土沿水平力作用方向的应变分布为三角形,接缝达到消压临界状态,如图 7.1(b)所示。墩底截面混凝土的最大应变 ε_{cr} 为:

$$\varepsilon_{\text{cr}} = \frac{2N}{E_{\text{eff}}A} \tag{7.2}$$

式中 N——墩顶施加的预应力与恒载轴力之和;

A——墩柱截面接缝处的毛面积;

E_{eff}——钢管约束混凝土的等效弹性模量。

③接缝开裂阶段:当水平力继续增大时,接缝截面张开,墩底截面的一部分处于受压状态,如图 7.1(c)所示,其力学推导过程可采用接缝截面 M-θ 分析。

7.3.2 P-STC 桥墩接缝截面 M-θ 分析

根据以上无黏结预应力钢管混凝土预制拼装桥墩的 3 个工作阶段,接缝截面的 M-θ 关系分析如下:

1)给定接缝处的截面转角 θ

对初始阶段,接缝截面转角为 0,随着水平力的增大,接缝开始张开,接缝张开后,对给定的转角 θ,接缝截面的受力与变形如图 7.2 所示。

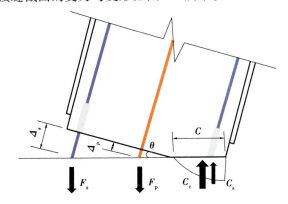

图 7.2 P-STC 桥墩墩底接缝受力示意图

2)假设截面受压区高度 c

截面相对受压区高度 c 为分析主要参数。分析过程首先设定初始值,然后采用逐步迭代算法对其进行试算和修正,最后得到截面受压区高度 c 的相对准确值。

3)计算无黏结预应力钢筋的应变 ε_p

对无黏结预应力钢筋,其与墩柱受压侧边缘的距离为 d_p,由给定的接缝转角 θ 和假设的截面受压区高度 c,可计算出无黏结预应力钢筋的变形长度 Δ_p:

$$\Delta_p = (d_p - c)\theta \qquad (7.3)$$

根据无黏结预应力钢筋的变形长度 Δ_p,得无黏结预应力钢筋的应变值 ε_p 为:

$$\varepsilon_p = \frac{\Delta_p}{L_p} + \varepsilon_{p0} \qquad (7.4)$$

式中 L_p——无黏结预应力钢筋的长度;

ε_{p0}——无黏结预应力钢筋的初应变。

为确保 P-STC 桥墩在极限水平位移状态下无黏结预应力钢筋始终保持弹性,应满足下式:

$$f_{ps} = \varepsilon_{ps} E_{ps} = \left(\frac{\Delta_{ps}}{L_p} + \varepsilon_{p0}\right) E_{ps} \leqslant f_{pslp} \tag{7.5}$$

式中　$\varepsilon_{ps}, \Delta_{ps}, f_{ps}$——钢管约束混凝土达到极限压应变时所对应的无黏结预应力钢筋的拉应变、伸长量、拉应力;

　　　　E_{ps}——预应力钢筋弹性模量;

　　　　f_{pslp}——预应力钢筋抗拉强度。

4)计算受拉侧耗能钢筋的应变 $\varepsilon_s^{(i)}$

对 P-STC 圆形截面第 i 根耗能钢筋,其与墩柱受压侧边缘的距离为 $d_s^{(i)}$,根据 θ 和 c 计算的耗能钢筋的变形长度 $\Delta_s^{(i)}$ 为:

$$\Delta_s^{(i)} = (d_s^{(i)} - c)\theta \tag{7.6}$$

其中,耗能钢筋与混凝土应变差产生的滑移量可按下式计算:

$$\Delta_{sp} = \frac{2}{3} l_s \varepsilon_e + l_s \varepsilon_p \tag{7.7}$$

$$\varepsilon_p = \varepsilon_s - \varepsilon_e \tag{7.8}$$

式中　Δ_{sp}——耗能钢筋与混凝土应变差产生的滑移量;

　　　　l_s——由应变渗透产生的钢筋变形;

　　　　ε_e——耗能钢筋弹性应变;

　　　　ε_p——耗能钢筋塑性应变。

第 i 根耗能钢筋的应变值 $\varepsilon_s^{(i)}$ 为:

$$\varepsilon_s^{(i)} = \frac{\Delta_s^{(i)} - \Delta_{sp}}{L_u} \tag{7.9}$$

式中　$\varepsilon_s^{(i)}$——假定耗能钢筋无黏结段 $L_u = 0$ 时的应变;

　　　　L_u——耗能钢筋的无黏结长度。

将式(7.6)、式(7.8)代入式(7.9),得:

$$\varepsilon_s^{(i)} = \frac{\Delta_s^{(i)} + \frac{1}{3} l_s \alpha \varepsilon_y}{L_u + l_s} \tag{7.10}$$

式中　α——钢筋弹性应变与屈服应变之比(耗能钢筋在弹性阶段 $\alpha<1$,进入塑性阶段后 $\alpha=1$);

　　　　ε_y——钢筋的屈服应变,$\alpha = \dfrac{\varepsilon_e}{\varepsilon_y}$,如图 7.3 所示,应变渗透产生的钢筋变形 l_s 可由式(7.11)计算:

$$l_{\mathrm{s}} = 0.15 f_{\mathrm{y}} d_{\mathrm{bl}} \tag{7.11}$$

式中　f_{y}——耗能钢筋屈服强度；

　　　d_{bl}——纵筋直径。

为保证均匀应力分布，防止耗能钢筋由局部应力集中导致过早破坏，耗能钢筋最小无黏结长度为：

$$L_{\mathrm{u}} \leqslant \frac{\Delta_{\mathrm{s}}^{(i)} + \dfrac{1}{3} l_{\mathrm{s}} \alpha \varepsilon_{\mathrm{y}}}{\varepsilon_{\mathrm{su}}} - l_{\mathrm{s}} \tag{7.12}$$

式中　$\varepsilon_{\mathrm{su}}$——耗能钢筋极限应变。

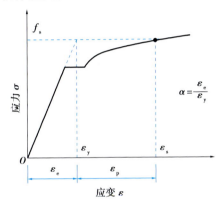

图 7.3　钢筋应力-应变关系

5）计算钢管约束混凝土的压应变

由于墩底接缝张开后接缝截面平截面假设已不成立，混凝土的压应变采用下式计算：

$$\varepsilon_{\mathrm{c}} = \frac{\theta_{\mathrm{c}}}{2 l_{\mathrm{s}}} \tag{7.13}$$

式中　ε_{c}——钢管约束混凝土压应变。

6）计算预应力钢筋、耗能钢筋的轴力 F_{p}、F_{s}、混凝土压力 C_{c} 和受压区钢筋轴压力 C_{s}

根据预应力钢筋和耗能钢筋的应变 ε_{p}，ε_{s}，由预应力钢筋和普通耗能钢筋的应力-应变关系可分别计算预应力钢筋和耗能钢筋所受的轴力 F_{p} 和 F_{s}。根据受压区混凝土的压应变 ε_{c} 和假设的受压区高度 c，由混凝土的应力-应变关系，得到受压区混凝土的合力 C_{c}，由钢筋应力-应变关系求得受压区钢筋轴压力 C_{s}。

7）根据平衡方程计算混凝土受压区高度 c^{*}

根据力的平衡公式，计算受压区混凝土高度 c^{*}：

$$G + F_{\mathrm{p}} + \sum_{i}^{n_{\mathrm{s}}} F_{\mathrm{s}}^{(i)} = C_{\mathrm{c}} + C_{\mathrm{s}} \tag{7.14}$$

式中 G——桥墩所受的恒载轴力；

n_s——耗能钢筋的根数。

8)判断 c^* 和 c 的差值是否满足精度要求

对比计算出的混凝土受压区高度 c^* 和第二步假设的混凝土受压区高度 c，如两者之间的差值在 5% 范围之内，则按第九步计算截面弯矩 M；如两者之间的差值大于 5%，则返回第二步，混凝土受压区高度 c 取 c^* 进行迭代，直到计算出受压区混凝土受压区高度 c^* 和第二步假设的混凝土受压区高度 c 之间的差值小于或等于 5%。

9)计算墩底截面的弯矩 M

根据式(7.15)，计算墩底截面的弯矩 M：

$$M = F_p \times y_p + \sum_{i=1}^{n_s} (F_s^{(i)} \times y_s^{(i)}) - C_c \times y_c \tag{7.15}$$

式中 $y_p, y_s^{(i)}$——预应力钢筋和第 i 根耗能钢筋距截面中性轴的距离；

y_c——受压区混凝土合力距截面中性轴的距离。

根据式(7.16)计算桥墩极限水平力 P_u：

$$P_u = \frac{M_u}{H} \tag{7.16}$$

接缝截面的等效屈服转角 θ_y 和等效屈服弯矩 M_y 可通过把实际的接缝截面弯矩-转角曲线等效为理想弯矩-转角曲线，其等效方法可根据图中两个阴影面积相等求得，如图 7.4 所示。

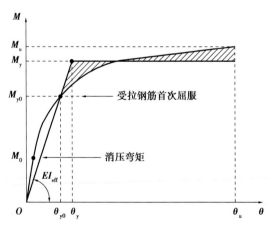

图 7.4 接缝截面的等效屈服转角与等效屈服弯矩

通过 $M-\theta$ 分析，得到无黏结预应力钢管混凝土预制拼装桥墩接缝处极限转角后，极限位移可按式(7.17)计算：

$$\Delta_u = \frac{1}{3}H^2 \times \varphi_y + H \times \theta_u \tag{7.17}$$

式中　Δ_u——桥墩极限位移,相应于核心混凝土达到极限压应变或耗能钢筋达到极限拉应变时的位移;

　　　　H——悬臂墩的高度或接缝面到反弯点的距离;

　　　　φ_y——钢管约束混凝土截面的等效屈服曲率。

7.4　P-STC 桥墩的设计流程

P-STC 桥墩中同时设置有预应力钢筋和耗能钢筋,分别作为桥墩的自复位部件和耗能部件。在实际地震荷载作用下,自复位部件和耗能部件共同对桥墩的抗震性能产生影响,由第 2 章中的 P-STC 墩拟静力分析可知,耗能钢筋配筋率和预应力钢筋初始轴压比对桥墩的残余位移影响显著。P-STC 桥墩在其他设计参数不变的情况下,增大耗能钢筋配筋率,则桥墩极限位移增大但残余位移也随之增大;如果增大预应力钢筋初始轴压比,则桥墩极限位移减小但残余位移也随之减小。

针对 P-STC,其抗震设计流程的重点是确定 P-STC 的耗能钢筋配筋率和预应力轴压比,以保证自复位性能满足要求。设计中可根据耗能钢筋配筋率配置墩底耗能钢筋,预应力的大小确定预应力钢筋的配筋率,以保证 P-STC 在达到目标位移时预应力钢筋处于弹性工作状态。为保证 P-STC 桥墩自复位性能良好,可参照日本桥梁设计规范,墩柱在震后的残余位移漂移率 x_{rs} 不得超过 1%。

本书基于已有的钢筋混凝土桥墩,设计出相应的无黏结预应力钢管混凝土预制拼装桥墩,保证两者桥墩具有相同的墩柱高度与截面尺寸,通过确定 P-STC 桥墩的预应力轴压比和耗能钢筋配筋率,保证残余漂移率 x_{rs} 不得超过 1%,使新设计的 P-STC 桥墩具有更好的自复位性能,且同时使得 P-STC 桥墩的极限水平力与原 RC 桥墩相差较小。具体的 P-STC 桥墩设计流程如图 7.5 所示。

①根据原有的设计文件,确定钢筋混凝土桥墩的极限水平力 $F_{u,RC}$。

②确定 P-STC 的基本设计参数,保持 P-STC 墩柱的高度和截面尺寸与原 RC 墩一致,根据《钢管混凝土结构技术规范》(GB 50936—2014)、《钢管约束混凝土结构技术标准》(JGJ/T 471—2019)确定钢管厚度。

③初步确定 P-STC 总轴压比 α_0,计算预应力轴压比 α_{ps},通过式(7.18)确定预应力钢筋配筋率 $\rho_{1,s}$。

$$\rho_p = \frac{\dfrac{P_0}{\varepsilon_{p0}E_{PT}}}{A} = \frac{\dfrac{\alpha_{p0}f_c'A}{0.5\varepsilon_{py}E_{PT}}}{A} = \frac{\alpha_{p0}f_c'}{0.5\varepsilon_{py}E_{PT}} \tag{7.18}$$

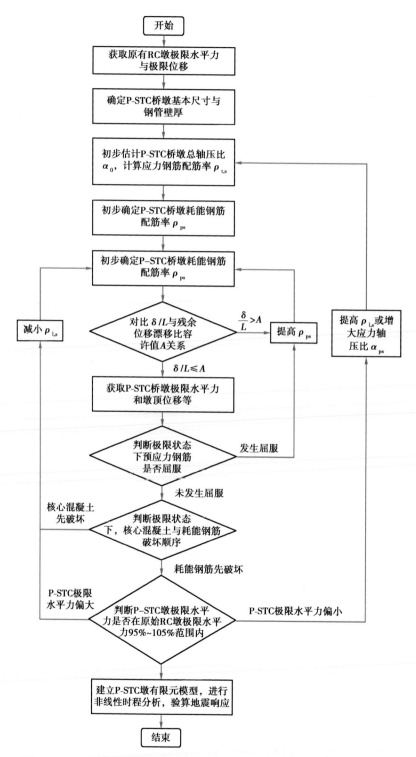

图 7.5　P-STC 设计流程

式中　ε_{p0},ε_{py}——预应力钢筋的初始应变和屈服应变,ε_{p0} 取 $0.5\varepsilon_{py}$;

　　　　f_c'——考虑套箍效应的混凝土抗压强度。

④根据预应力钢筋配筋率 $\rho_{l,s}$,初步估计耗能钢筋配筋率 $\rho_{ps}=2\rho_{l,s}$。

⑤基于所设计的参数,对 P-STC 进行拟静力分析,得到其在目标位移下的残余漂移比 δ/L。确定对比目标位移下的残余漂移比 δ/L 和容许值 x_{rs} 的相对大小。如果 $\delta/L>x_{rs}$,则返回第④步,提高无黏结预应力钢筋配筋率 ρ_{ps};如果 $\delta/L \leqslant x_{rs}$,则进入第⑥步。

⑥通过 P-STC 桥墩接缝截面 M-θ 分析法或有限元分析法,计算出极限状态(核心混凝土压溃)时,墩顶位移、墩顶水平力和最大转角 θ。

⑦计算桥墩达到极限位移时的预应力钢筋是否屈服。如果预应力钢筋屈服,则需增大预应力筋配筋率 ρ_{ps},然后回到第④步。

⑧验算耗能钢筋屈服与核心混凝土压溃的先后关系。如果在耗能钢筋没有达到屈服时核心混凝土先压溃,则需减小耗能钢筋配筋率 $\rho_{l,s}$,再回到第④步;如果在耗能钢筋达到屈服后核心混凝土再压溃,则进入第⑨步。

⑨验算 P-STC 桥墩的极限水平力 $F_{u,R-STC}$。如果该极限水平力低于钢筋混凝土桥墩的 95%,则应增大耗能钢筋配筋率 $\rho_{l,s}$ 或增大预张力轴压比 α_{ps},并回到第④步。如果该极限水平力大于钢筋混凝土桥墩的 105%,则应降低耗能钢筋配筋率 $\rho_{l,s}$ 并回到第④步。若满足要求,则输出所有设计参数,完成 P-STC 桥墩设计。

7.5　设计实例

为了更好地验证本章所提的 P-STC 桥墩设计方法的合理性,本节以呼和浩特市三环快速路某 RC 连续梁桥为工程背景,利用该设计方法其桥墩设计为 P-STC 构造,并建立了不同构造下的全桥有限元 OpenSees 有限元模型,并进行了不同地震波下的时程分析。

7.5.1　工程背景

呼和浩特市三环快速路工程某一标准 4×30 m 的四跨连续梁高架桥,如图 7.6 所示。高架桥上部结构采用 C50 预制小箱梁,采用左右分幅布置,单幅主梁桥宽 15.5 m,由 5 片预制小箱梁组成,梁高为 1.6 m;下部结构采用整体式钢筋混凝土圆形单墩、现浇承台及群桩基础,桥墩采用 C50 混凝土,墩高 15 m,直径为 2.5 m,箍筋采用直径为

16 mm 的 HRB300 钢筋,间距为 150 mm,保护层厚度取 45 mm。承台和桩基础采用 C35 混凝土,承台下设置 2×2 的群桩基础,桩基直径为 1.5 m。上部结构线质量为 27.5 t/m,桥梁上部结构传递的恒载轴压力为 10 090 kN,对应的重力轴压比 α_G 为 0.1。

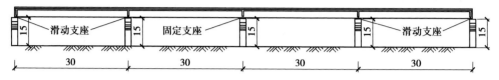

图 7.6 立面布置图(单位:m)

7.5.2 P-STC 桥墩设计过程

根据 7.3 节中的设计流程,对呼和浩特市三环快速路高架桥中的桥墩设计相应的无黏结预应力钢管混凝土预制拼装桥墩,其设计步骤如下:

1)确定 P-STC 桥墩极限承载力范围

根据呼和浩特市三环快速路高架桥设计文件,确定钢筋混凝土桥墩参数计算其极限水平力为 1 959 kN,极限位移为 0.658 m。为保证所设计无黏结预应力钢管混凝土预制拼装桥墩的极限承载力满足原 RC 桥墩要求,且使得桥墩极限荷载满足一定容限,充分利用其结构承载力,要求设计的无黏结预应力钢管混凝土预制拼装桥墩的极限水平力满足为原 RC 桥墩极限水平力的 95%~105%,即本次所设计的 P-STC 桥墩极限承载力需在 1 861~2 057 kN。而原始 RC 桥墩重力轴压比:$\alpha_g = G/(f_c'A) = 10\ 090\ \text{kN}/(32.4\ \text{MPa}×4.9\ \text{m}^2) = 6\%$。

2)确定桥墩尺寸与钢管壁厚

保证 P-STC 桥墩整体尺寸与原 RC 桥墩一致,确定墩高为 15 m,墩身直径为 2.5 m。相较于原 RC 结构,钢管采用 Q345 钢材,内部混凝土采用 C45。P-STC 桥墩需满足钢管混凝土柱结构的基本构造,根据《钢管混凝土结构技术规范》(GB 50936—2014),实心钢管混凝土构件中,壁厚不宜小于 3 mm,且对受压为主的钢管混凝土柱,钢管外径 D 与钢管壁厚 t 之比不应大于 $135\frac{235}{f_y}$,其中,f_y 为钢管钢材抗拉强度设计值,故 $2\ 500/t$ 不应大于 $135\frac{235}{320}$,即 $t \geq 25.2$ mm,且由第 2 章对 P-STC 桥墩的钢管壁厚参数分析中发现,钢管壁厚增加能一定程度增强桥墩的滞回耗能特性,但壁厚过大时对抗震性能影响较小,故钢管不宜取得过大。基于以上钢管混凝土构造条件和滞回耗能要求,设计 P-STC 桥墩则钢管厚度设为 28 mm。

3)确定预应力参数和耗能钢筋参数

初步确定混合配筋摇摆墩的总初始轴压比 α_0 的估计值为 16%,则可得出:

预应力轴压比：
$$\alpha_{\text{ps}} = \alpha_0 - \alpha_{\text{g}} = 16\% - 6\% = 10\%$$

初始预应力：
$$P_0 = \alpha_{\text{ps}} f_{\text{c}}' A = 10\% \times 32.4 \text{ MPa} \times 4.9 \text{ m}^2 = 15\ 876 \text{ kN}$$

预应力钢筋配筋率：
$$\rho_{1,\text{s}} = \frac{P_0}{0.5\varepsilon_{\text{py}} E_{\text{p}} A} = \frac{15\ 876 \text{ kN}}{0.5 \times 0.005\ 5 \times 195 \text{ GPa} \times 4.9 \text{ m}^2} \times 100\% = 0.6\%$$

耗能钢筋配筋率：
$$\rho_{\text{ps}} = 2\rho_{1,\text{s}} = 1.2\%$$

4）判断 δ / L 是否满足残余位移要求

对 P-STC 桥墩进行拟静力分析，如图 7.7 所示，得到其在 3% 的目标位移漂移比下的残余位移漂移比：$\delta / L = 0.108$ m/15 m = 0.72% < 1%，故其满足自复位残余位移要求。

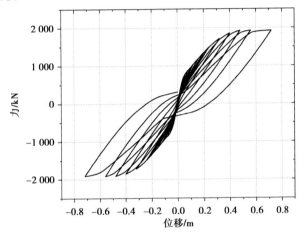

图 7.7　预应力轴压比为 0.1 对应的 P-STC 滞回曲线

5）确定 P-STC 桥墩极限状态时是否满足受力要求

为判断 P-STC 桥墩是否满足全过程受力要求，采用 P-STC 桥墩接缝截面 $M\text{-}\theta$ 分析法进行验算。首先判断预应力钢筋是否处于弹性状态，按照 6.2.2 节 P-STC 桥墩受弯极限状态迭代计算直接获得，获取预应力钢筋在受弯极限状态时应力为 741 MPa，即预应力钢筋保持弹性，即判断桥墩初始预应力轴压比为 0.1，P-STC 桥墩满足自复位要求时，预应力钢筋依然保持正常的工作状态。再通过接缝截面 $M\text{-}\theta$ 分析方法得出在受压区高度 $c = 0.82$ m 时，P-STC 桥墩的极限位移和极限水平力分别为 0.802 m 和 1 987 kN，其极限水平力比原钢筋混凝土桥墩大 2% 左右，桥墩的极限水平力满足要求。

6）有限元模型验证

为验证上述理论计算结果，通过步骤 3 中所建立的有限元 P-STC 模型，直接获取预应力钢筋在受弯极限状态时应力为 703 MPa,故预应力钢筋保持弹性,即判断桥墩初始预应力轴压比为 0.1,P-STC 桥墩满足自复位要求时,其结构依然保持正常使用状态。根据有限元模型结果得出,P-STC 桥墩的极限位移和极限水平力分别为 0.782 m和 1 995 kN,其极限水平力比原钢筋混凝土桥墩大 2% 左右,桥墩的极限水平力满足原有桥梁受力要求,进一步表明该 P-STC 桥墩可用于原有桥梁设计。

7.5.3　全桥有限元模型

为进一步验证上述设计方法所建立的 P-STC 全桥在地震下的力学特性,本节分别针对 P-STC 桥墩、P-CFT 桥墩、P-RC 桥墩和原设计的整体式钢筋混凝土桥墩(RC桥墩)4 种结构形式,建立了各自 OpenSees 全桥模型。本书选取的是呼和浩特市三环快速路高架桥为连续梁桥,故有限元模型中需合理地模拟主梁、支座和桥墩,并赋予其相应的截面形式、单元性质和材料特性,如图 7.8 所示。

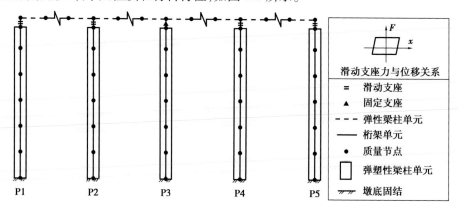

图 7.8　实桥有限元模型简示

1)主梁与桥墩的模拟

对上部结构主梁采用弹性梁柱单元模拟,将每跨划分为 10 个单元,并定义各主梁单元的质量分布和刚度分布,以确保主梁分析时惯性力大小与位置正确。下部结构桥墩采用基于柔度法的弹塑性单元模拟,其中,对预应力钢筋混凝土桥墩和预应力约束钢管混凝土的核心混凝土本构采用 Mander 模型,预应力普通钢管混凝土桥墩的核心混凝土采用的是韩林海模型。约束钢管混凝土核心混凝土抗压强度为 75.7 MPa,普通钢管混凝土核心混凝土抗压强度为 44.1 MPa,钢筋混凝土核心混凝土抗压强度为40.2 MPa,保护层混凝土抗压强度取 29.6 MPa。预应力钢筋的模拟采用桁架单元。

2)接缝的模拟

为表征在地震荷载下预应力钢筋混凝土桥墩和预应力约束钢管混凝土桥墩墩底的接缝张开与闭合状态,本节对墩底接缝采用素混凝土模拟,应力、应变仅考虑其受压关系,忽略受拉关系。选取干接缝区域的混凝土抗压强度为邻近墩身混凝土的约束强度,对应的应变为相邻上方节段约束混凝土的峰值应变,且不考虑强度退化,其加卸载关系同墩身约束混凝土。

3)预应力钢筋和耗能钢筋的模拟

对预应力钢筋和耗能钢筋的模拟采用桁架单元,预应力钢筋和耗能钢筋的每个节点都与同一位置对应的桥墩节段中的关键节点进行了合适的约束处理,限制其水平方向的两个平动自由度。耗能钢筋和预应力钢筋使用 Giuffre-Menegotto-Pinto 模型,其中,耗能钢筋的屈服强度为 400 MPa,预应力钢筋的屈服强度为 1 860 MPa。

7.5.4　拟静力分析

本节在建立不同构造桥墩全桥模型的同时,也建立了整体式钢筋混凝土桥墩、P-STC桥墩、P-CFT 桥墩、P-RC 桥墩各自基于实桥的单墩滞回曲线,如图 7.9 至图 7.12 所示。各桥墩滞回曲线均呈旗帜形,对于 P-STC 和 P-RC 具有明显的"捏拢"现象,表明摇摆式结构对减小桥墩残余位移、增强结构自恢复性能有所帮助。

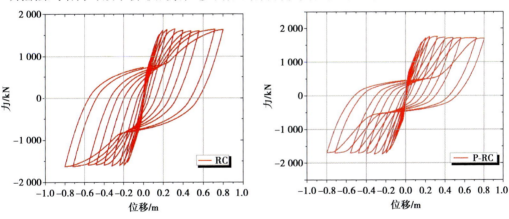

图 7.9　RC 单墩模型　　　　　　　　　　　图 7.10　P-RC 单墩模型

7.5.5　地震动输入

呼和浩特市三环快速路高架桥处于呼和浩特市,根据《中国地震动参数区划图》,阻尼比为 0.05 时,E2 地震动加速度反应谱如图 7.13 所示。地震基本烈度为 8 度,地震动基本峰值加速度 $A=0.30g$,抗震设防分类为乙类。本节选取了区域内桥梁安全评价报告中的 3 条地震时程波作为非线性时程分析基础,如图 7.14 至图 7.16 所示。

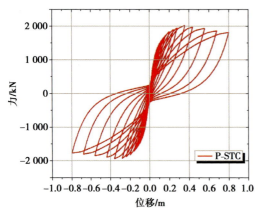

图 7.11 P-STC 单墩模型

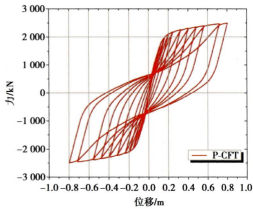

图 7.12 P-CFT 单墩模型

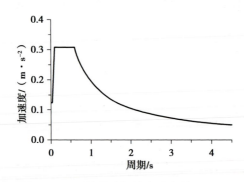

图 7.13 E2 地震动加速度反应谱

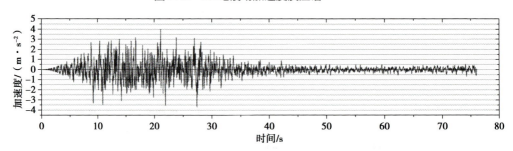

图 7.14 1#地震时程波

7.5.6 分析工况

为了分析研究不同桥墩构造形式对桥梁结构抗震结构响应的影响,基于呼和浩特市三环快速路高架桥桥墩现有的结构特点,本节共设立了 4 种桥墩结构分析工况,原设计的整体式钢筋混凝土桥墩(RC 桥墩)、无黏结预应力钢管混凝土预制拼装桥墩(P-STC 桥墩)、无黏结预应力普通钢管混凝土预制拼装桥墩(P-CFT 桥墩)以及无黏

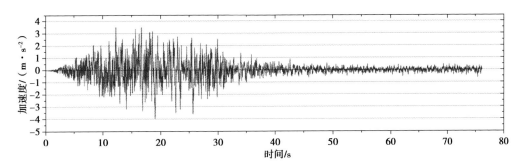

图 7.15　2#地震时程波

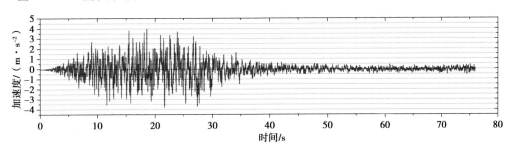

图 7.16　3#地震时程波

结预应力钢筋混凝土预制拼装桥墩(P-RC 桥墩)。

　　根据呼和浩特市三环快速路高架桥已有的结构形式(墩高 15 m,直径为 2.5 m),
P-RC 桥墩内部设置直径为 32 mm 的 HRB400 耗能钢筋和直径为 16 mm 的环向箍筋,
混凝土保护层取 70 mm;P-STC 桥墩内部设置直径为 32 mm 的 HRB400 耗能钢筋,钢
管厚 28 mm。两类自复位桥墩基本参数,即桥墩所采用的混凝土、钢管、耗能钢筋和预
应力钢筋的材料特性等,见表 7.1 和表 7.2。

表 7.1　各工况桥墩基本参数

试件编号	钢　管		预应力钢筋配筋率/%	纵筋配筋率/%
	直径 D/mm	壁厚或保护层厚度 t/mm		
RC	2 500	45	—	1.2
P-RC	2 500	70	0.6	1.2
P-CFT	2 500	32	0.6	1.2
P-STC	2 500	28	0.6	1.2

表 7.2　钢筋、钢材和预应力钢筋材料特性

类　型	弹模/GPa	屈服应力/MPa	屈服后刚度比	硬化指数
耗能钢筋	200	400	0.005	0.002
钢材	200	400	0.005	0.002
预应力钢筋	195	1 860	0.02	0.002

7.5.7　非线性时程分析

根据呼和浩特市三环快速路高架桥场地安全评价提供的 3 条地震波,分别对 4 种桥墩形式下的连续高架梁桥进行纵桥向时程分析,表 7.3 至表 7.5 为 RC,P-STC,P-CFT和 P-RC 桥墩在 3 条地震波分别作用下的墩底峰值剪力、墩底峰值弯矩、墩顶峰值位移和墩顶残余位移。由表 7.3 至表 7.5 可知,在 3 条地震波的作用下,各桥墩结构形式的墩底峰值剪力和墩底峰值弯矩差距较小,表明相较于原桥的整体式钢筋混凝土桥墩,其余构造桥墩均满足全桥极限荷载设计要求。

表 7.3　1 号时程波非线性时程分析计算结果

响应数据	RC	P-STC	P-CFT	P-RC
墩底峰值剪力/kN	2 275.1	2 299.2	2 457.7	2 287.3
墩底峰值弯矩/(kN·m)	36 123.2	37 819.2	40 693.6	36 584.3
墩顶峰值位移/m	0.184	0.239	0.229	0.343
墩顶残余位移/m	0.032	0.017	0.023	0.028

表 7.4　2 号时程波非线性时程分析计算结果

响应数据	RC	P-STC	P-CFT	P-RC
墩底峰值剪力/kN	2 278.5	2 301.9	2 399.3	2 294.2
墩底峰值弯矩/(kN·m)	36 532	37 268	41 540.2	36 953
墩顶峰值位移/m	0.209	0.248	0.269	0.296
墩顶残余位移/m	0.041	0.015	0.020	0.037

表 7.5　3 号时程波非线性时程分析计算结果

响应数据	RC	P-STC	P-CFT	P-RC
墩底峰值剪力/kN	2 325	2 409.16	2 483.3	2 352
墩底峰值弯矩/(kN·m)	37 952	39 683.9	41 166.9	38 125
墩顶峰值位移/m	0.253	0.278	0.256	0.447
墩顶残余位移/m	0.035	0.011	0.028	0.030

1#~3#地震波的墩顶位移时程曲线如图 7.17 至图 7.19 所示,从图中可以看出,在各地震波的作用下,不同构造下全桥模型的桥墩位移曲线变化趋势基本一致。不同构造下各墩顶残余位移对比见表 7.6 和表 7.7,相较于原 RC 桥墩,在各地震波工况下,P-STC,P-RC 和 P-CFT 残余位移均小于原整体式钢筋混凝土桥墩,表明预应力预制拼装桥墩自恢复特性优于整体式钢筋混凝土桥墩,且进一步对比发现 P-STC 残余位移减小量最大,验证了本节提到的 P-STC 设计方法所设计的桥墩在地震荷载作用下拥有较好的抗震性能,自恢复特性良好,可在实桥中应用。

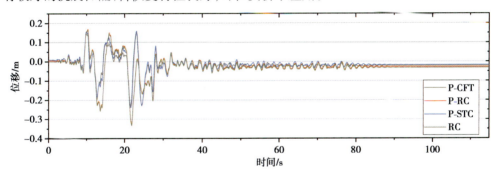

图 7.17　1#地震波墩顶位移时程曲线

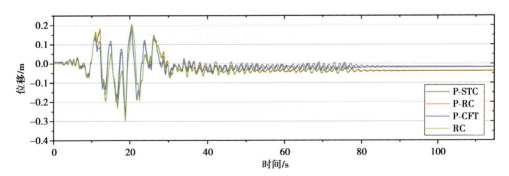

图 7.18　2#地震波墩顶位移时程曲线

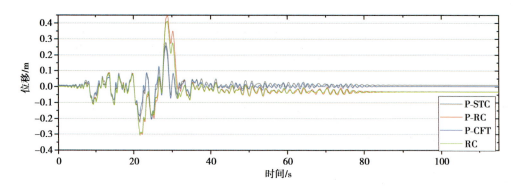

图 7.19　3#地震波墩顶位移时程曲线

表 7.6　中间固定墩墩顶纵桥向残余位移对比表

地震波编号	RC 残余位移 /m	P-RC 残余位移 /m	P-CFT 残余位移 /m	P-STC 残余位移 /m
No.1	0.032	0.028	0.023	0.017
No.2	0.041	0.037	0.020	0.015
No.3	0.035	0.030	0.028	0.011

表 7.7　中间固定墩墩顶纵桥向残余位移对比表

地震波编号	P-RC 比 RC 残余位移减小量/%	P-CFT 比 RC 残余位移减小量/%	P-STC 比 RC 残余位移减小量/%
No.1	12.5	28.1	46.8
No.2	9.8	51.2	63.4
No.3	14.2	20	68.6

7.6　P-STC 桥墩易损性和实用性分析

　　易损性分析评价桥墩在地震作用下是否发生损伤,从而实现评估桥墩抗震性能。为了更好地评价 P-STC 桥墩易损性,本节选取残余位移作为易损性评价指标,对 P-STC桥墩该类自复位桥墩抗震性能评估较为有意义。从 P-STC 桥墩在各地震波作用下的位移可以看出,其在地震波的作用结束后的残余位移均小于该桥墩构造下的极限残余位移。故表明在各地震波的作用下,P-STC 桥墩其易损性依然满足要求,此时的桥墩还未到达极限损伤,依然能满足其正常使用功能。

桥墩在桥梁抗震体系中除了需行使其正常使用功能,满足受力与抗震要求外,其同样需要满足实用性要求。实用性是需满足工程实际和各方面的综合需求,其主要表现在桥墩构造需满足设计和施工需要,经济性较好,且抗震性能更加优异。从本书对 P-STC 桥墩构造和抗震性能分析可以看出,其自复位性能和耗能能力明显优于传统整体式桥墩;且其预制拼装构造,符合当前国家绿色智能装配式建造战略,构造简单,施工便利,预制化生产同样能降低生产施工成本。故 P-STC 桥墩同样兼具较好的实用性。

综合本书对 P-STC 桥墩的试验分析和数值模拟,P-STC 桥墩具有自复位性能好,耗能能力强的特点,且预制拼装构造符合绿色装配式建造要求。故 P-STC 构造桥墩在易损性和实用性方面均能符合实际工作要求,特别是在地震高烈度地区,可进行推广使用。

7.7 结 论

本章结合 P-STC 抗震性能特点,提出了 P-STC 桥墩抗震设计方法,并依托实桥验证了该设计方法的有效性。本章主要工作和结论如下:

①确定了 P-STC 墩底接缝面工作状态的 3 个阶段,并对这 3 个阶段的受力机理进行分析,通过截面受力平衡求得墩顶水平力-位移关系,计算了墩底截面的弯矩-曲率关系,进而确定了接缝面弯矩-转角(M-θ)关系,根据接缝面处的 M-θ 分析法可得出桥墩在地震荷载下的极限位移。

②以满足桥墩极限状态为前提,保证预应力钢筋不进入屈服状态,且耗能钢筋屈服发生在核心混凝土压碎之前,并以极限残余位移作为控制指标提出了 P-STC 桥墩抗震设计方法。

③以呼和浩特市三环快速路高架连续梁桥为原型,采用本章所提出的抗震设计方法,将原有的 RC 墩设计为 P-STC 桥墩,并建立了 OpenSees 有限元模型进行非线性时程响应分析,结果表明,在不同特性的地震波下,桥墩的响应相差较大,都存在一定的残余位移;在同一条地震波的作用下,P-STC 桥墩在满足地震极限荷载的情况下残余位移更小;例如,在 1#~3#地震波下,P-STC 桥墩平均残余位移比 P-RC 桥墩少59.6%。可见 P-STC 桥墩自复位性能更强,桥梁整体抗震性能更优。

第8章　总结与展望

8.1　本书主要工作

随着山地城市的发展,其交通出行模式更加多元,交通量也增加迅猛。为了高效构建多元化交通空间,高架桥梁在山地城市快速路、城市立交桥、轨道交通、市域铁路和综合交通枢纽等工程中得到了大量的实践应用。由于地形地质复杂、生态环境敏感、施工条件受限等因素制约,山地城市高架桥梁中广泛采用了钢结构和钢-混凝土组合结构等结构形式以及工厂化制造、工业化安装等施工工艺。

然而,在山地城市高架桥梁中桥墩是地震灾害中的易损构件,也是山地城市桥梁抗震研究的重要对象。多次震害调查表明,桥墩震后损伤和残余位移过大,将导致结构修复和使用困难。近年来,随着桥梁预制装配设计与施工技术的不断发展,预制拼装桥墩在高速公路桥梁和城市道路桥梁中得到了大量应用。相较于传统的整体现浇混凝土桥墩,经过精心设计的预制拼装桥墩具有良好的滞回耗能特性,同时具有震后残余位移小的优点,因此,对预制拼装桥墩的自复位性能研究成了当今桥墩抗震研究的热点。

在较为成熟的预制拼装钢筋混凝土桥墩的应用基础上,因抗震性能优越,预制拼装钢管混凝土桥墩正成为预制拼装桥墩墩身的新选择。本书以无黏结预应力钢管混凝土预制拼装桥墩为研究对象,以结构抗震性能为主要研究内容,结合钢管约束混凝土的组合结构力学机理特征,重点做了如下研究工作:

①通过震害调查表明,桥墩震后残余位移对提高桥梁抗震性能具有重要价值;本书在详细介绍了自复位结构体系的起源、基本原

理、主要结构形式的基础上,结合桥梁行业绿色化、工厂化、预制化的发展趋势,将预制拼装技术、钢-混凝土组合结构与震后自复位结构体系相结合,提出了本书的研究对象、研究内容和学术思路。

②比较分析了无黏结预应力钢管混凝土预制拼装桥墩(P-STC)、无黏结预应力钢筋混凝土预制拼装桥墩(P-RC)和无黏结预应力普通钢管混凝土预制拼装桥墩(P-CFT)的构造特点。基于 OpenSees 建立的 P-STC,P-RC 和 P-CFT 这 3 类纤维单元对比模型,分析了 3 种类型自复位桥墩的力学特征、滞回机理及耗能特点;通过参数分析,分析了预应力轴压比、预应力钢筋配筋率、钢管壁厚以及耗能钢筋配筋率等关键参数对 P-STC 抗震性能的影响。

③考虑预应力轴压比、耗能钢筋配筋率等因素,设计并制造了 6 个 P-STC 试件,同时设计并制造了 1 个 P-RC 对比试件和 1 个 P-CFT 对比试件,共 8 个缩尺模型,采用拟静力试验方法,研究比较了 P-STC,P-RC 和 P-CFT 这 3 类试件的地震损伤、破坏过程和破坏模式。

④利用拟静力试验结果,比较分析了 P-STC,P-RC 和 P-CFT 这 3 类模型滞回耗能特点,重点研究了预应力轴压比和耗能钢筋配筋率等参数对 P-STC 的滞回曲线、骨架曲线、位移延性系数、残余位移、等效黏滞阻尼比等的影响,并利用实验结果验证了纤维有限元模型的可靠性。

⑤基于墩底接缝面工作状态的 3 个阶段,进行接缝面弯矩-转角(M-θ)关系分析,结合无黏结预应力钢管混凝土预制拼装桥墩受力特点,提出了 P-STC 抗震设计方法和具体设计流程;依托呼和浩特市三环快速路高架桥,设计了 P-STC 桥墩,并采用非线性时程分析方法,验证了设计方法的可靠性。

8.2　本书主要结论

本书主要研究结论汇总如下:

①P-STC 自复位桥墩体系主要利用结构自重和体外预应力提供恢复力,利用钢管约束混凝土提高桥墩自身延性,利用耗能钢筋增加耗能能力。由于初始预应力效应,P-STC 桥墩的水平力-墩顶位移关系具有明显的"捏拢"现象,滞回曲线可以简化为旗帜形滞回模型。

②通过拟静力分析对比表明:P-STC,P-RC 和 P-CFT 这 3 类结构形式的桥墩在预应力效应作用下均为自复位结构;在相同的目标位移下,P-STC 的残余位移小于 P-RC 和 P-CFT,表明 P-STC 拥有更好的自复位性能。

③拟静力分析结果表明:针对 P-STC 桥墩,预应力轴压比和耗能钢筋配筋率为影响墩柱自复位性能的两个重要因素,而预应力钢筋配筋率和钢管壁厚对墩柱自复位性能的影响较小。增大 P-STC 桥墩的预应力轴压比,其残余位移显著减小,自复位性能增强;增大 P-STC 桥墩耗能钢筋配筋率,结构耗能能力增强,但同时增大结构残余位移。

④拟静力试验结果表明:在相同荷载等级下,P-STC 试件的损伤最小,P-CFT 试件的损伤次之,P-RC 试件的损伤最严重。在 P-STC 与 P-RC 试件的破坏过程中坐垫层接缝逐步张开闭合,具有明显的摇摆结构特征。P-RC 试件的破坏现象为柱脚处保护层脱落,箍筋外露,墩底混凝土压碎及耗能钢筋断裂;P-CFT 试件的破坏过程摇摆结构特征不显著,破坏现象主要为墩底钢管局部屈服破坏;P-STC 试件除坐垫层破坏以外,柱脚并未出现其他破坏现象,损伤较小。

⑤通过对模型静力试验结果比较表明:P-STC 试件的滞回曲线更加饱满,即耗能能力更强;墩顶极限水平力为 P-RC 试件的 1.25 倍、为 P-RCF 试件的 1.67 倍。在相同目标位移下的残余位移,P-STC 试件为 P-RC 试件的 88%。

⑥P-STC 试件的墩顶极限水平力、等效黏滞阻尼比、初始刚度、等效刚度、卸载刚度随耗能钢筋配筋率的增大而增大,但位移延性系数随之减小,残余位移随之增大。

⑦随着预应力轴压比的增加,P-STC 试件墩顶极限水平力增加,初始刚度和等效刚度基本相同,但卸载刚度随之减小;P-STC 试件的位移延性系数、残余位移、等效黏滞阻尼比随预应力轴压比增加而减小。

⑧通过对拟静力试验结果和有限元数值模拟结果对比分析发现,3 种不同种类的自复位预制拼装桥墩试验结果与数值模拟结果吻合情况较好,通过试验结果验证 OpenSees 纤维有限元分析方法具有准确性。

⑨基于截面分析的简化分析方法能较好地模拟混合配筋摇摆墩的水平力-位移关系。结合通过对 P-STC 的简化算法,提出了该种桥墩的设计方法和设计流程;接缝截面弯矩-转角($M\text{-}\theta$)关系的计算公式可用于实际工程的抗震设计。

⑩以呼和浩特市三环快速路高架桥为原型设计算例表明,并对 P-RC 桥墩、P-STC 桥墩和 P-CFT 桥墩的方案进行非线性时程分析时发现,P-RC 桥墩的墩顶峰值位移大于 P-STC 桥墩和 P-CFT 桥墩,而三类桥墩的墩底峰值剪力接近,同时 P-STC 桥墩的墩顶残余位移均为最小;P-STC 桥墩在满足地震极限荷载的情况下残余位移更小,P-STC 桥墩平均残余位移比 P-RC 桥墩少 59.6%。可见,P-STC 自复位性能更强,抗震性能更优。

8.3　展　望

本书针对无黏结预应力钢管混凝土预制拼装桥墩(P-STC)的抗震性能展开了试验研究、理论分析和数值模拟研究,得到了一些有益的成果和结论,但限于时间、精力和水平,研究工作仍有不足之处,还有待进一步完善,主要包括以下内容:

①钢管约束混凝土结构构造简单,连接方便,利于预制拼装施工,同时也有核心混凝土承载力较高以及延性好等特点,是一种具有应用前途的新型组合结构形式。钢管约束混凝土柱已在建筑工程中大量使用,未来随着其在桥梁工程中的更多使用,可对其抗震性能进行更加深入的研究。

②针对本书所提出的无黏结预应力钢管混凝土预制拼装桥墩抗震设计流程,在验证时仅通过一座特定桥梁案例进行研究,在普适性方面仍有大量工作亟待开展,包括桥梁结构布置和设计参数、地震动频谱特性(如近场地震动等)、设计地震大小、场地条件等因素对抗震设计流程可靠性的影响有待进一步验证,同时进一步可针对桥梁整体抗震分析和地震易损性分析方法进行研究。

③本书试验研究仅进行了传统独柱墩的拟静力试验,在实际工程中也有采用双柱桥墩、多柱式桥墩、高墩等形式,在后续研究中尚需进一步开展对应类型的拟静力试验并与理论分析进行分析验证。

④本书针对 3 类桥墩开展了拟静力试验研究,揭示了 3 种桥墩形式的抗震性能和自复位机理,但所研究的参数取值范围有限,在后续的研究中尚需进一步拓展参数数量及其取值范围,并进一步开展振动台试验研究,以便与拟静力试验结果进行对比验证。

山地城市防灾减灾研究是当前山地城市学术研究热点之一,其中山地桥梁抗震减灾理论也有不少问题处在深入研究阶段,工程实践应用中也有许多问题亟待解决。山地城市桥梁面临的复杂性与特殊性也要求更加深入地开展全面研究。本书意在以浅薄之见,抛砖引玉,使得广大学界同仁更多地关注并参与到山地城市桥梁抗震减灾的研究领域中来。

参考文献

［1］黄光宇.山地城市学原理［M］.北京:中国建筑工业出版社,2006.

［2］赵万民,等.山地人居环境七论［M］.北京:中国建筑工业出版社,2015.

［3］聂长文.山地城市道路设计关键技术研究［D］.北京:北京建筑大学,2013.

［4］秦雷.基于组团式山地城市交通演变机理的交通控制技术与策略研究［D］.重庆:重庆交通大学,2012.

［5］李云燕.西南山地城市空间适灾理论与方法研究［M］.南京:东南大学出版社,2015.

［6］刘志.基于效能评价的高密度山地城市空间布局优化研究——以重庆市渝中半岛为例［D］.重庆:重庆大学,2020.

［7］王筱頔.山地城市轨道交通与地面公交换乘行为特征研究［D］.重庆:重庆交通大学,2018.

［8］俞艇.山地城市畸形交叉口交通冲突机理研究［D］.重庆:重庆交通大学,2019.

［9］刘西洋.山地城市交通分区技术政策研究［D］.重庆:重庆交通大学,2014.

［10］杨军峰,朱文君.山地城市交通网络规划特点［J］.城市建设理论研究(电子版),2013(3):1-4.

［11］冯红霞.山地城市交通与地形及土地利用协调方法研究［D］.西安:长安大学,2014.

［12］赵在友.山地城市交通与土地利用互动关系研究——以重庆市主城区为例［D］.重庆:西南大学,2010.

［13］程龙春.山地城市桥梁维修期间交通需求管理策略及方案研究——以重庆市为例［D］.重庆:重庆大学,2020.

［14］黄光宇.山地城市主义［J］.重庆建筑,2005(1):2-12.

［15］王纪武.山地都市空间拓展研究——以重庆、香港为例［J］.重庆建筑,2003(6):
21-23.

［16］刘西洋.我国山地城市交通特征现状分析［J］.建筑工程技术与设计,2015(6):
1364-1364.

［17］沈元松,郭丹丹,张飞翔,等.资源转型背景下山地城市的交通规划［J］.城市道桥
与防洪,2020(8):28-30+42.

［18］白墨."一带一路"带动的山地新型城镇化和山地城市交通［C］//2019(第十四
届)城市发展与规划大会论文集,2019:1-5.

［19］李泽新,王蓉.山地城市道路交通环境特点及其控制对策［J］.山地学报,2014
(1):6.

［20］何贤芬.城市高架道路景观的尺度研究［D］.成都:西南交通大学,2006.

［21］李艳.山地城市桥梁生态美学设计方法研究［D］.重庆:重庆大学,2015.

［22］杜欣.山地城市桥梁选型与景观研究［D］.重庆:重庆交通大学,2015.

［23］左进.山地城市设计防灾控制理论与策略研究［D］.重庆:重庆大学,2011.

［24］曾卫,赵樱洁.山地城市综合防灾规划策略［J］.科技导报,2021.

［25］王志涛,苏经宇,刘朝峰.山地城市灾害风险与规划控制［J］.城市规划,2014
(2):6.

［26］范立础,卓卫东.桥梁延性抗震设计［M］.北京:人民交通出版社,2001.

［27］宋晓东,李建中.山区桥梁的抗震概念设计［J］.地震工程与工程振动,2004,24
(1):5.

［28］王伟锋.城市桥梁抗震设计研究［D］.郑州:郑州大学,2016.

［29］刘艳辉.基于性能抗震设计理论的城市高架桥抗震性能研究［D］.成都:西南交通
大学,2008.

［30］姜宁.桥梁抗震设计方法综述［J］.交通运输研究,2014,42(12):136-137.

［31］温天宇.桥梁高墩抗震设计研究［J］.工程技术研究,2022,7(15):182-184.

［32］郭建虎.基于位移的高速铁路连续梁桥抗震设计方法研究［D］.北京:北京交通大
学,2015.

［33］封正.城市高架桥抗震设计中的关键问题［J］.中国高新科技,2021(21):62-63.

［34］罗晓峰.独柱式城市高架桥抗震分析与设计方法研究［D］.杭州:浙江大学,2015.

［35］蒋晓放.采用UHPC套箍约束的桥墩增强机理及抗震设计研究［D］.南京:东南大
学,2020.

［36］罗晓峰.独柱式城市高架桥抗震分析与设计方法研究［D］.杭州:浙江大学,2015.

［37］林康.公路桥梁抗震设计规范比较［D］.辽宁:大连理工大学,2009.

［38］张森博.后张预应力节段预制桥墩抗震设计方法研究［D］.天津:河北工业大
学,2020.

[39] 施路遥.基于 UHPC 环箍约束的混凝土桥墩抗震加固研究[D].南京:东南大学,2018.

[40] 刘阳.预制拼装双柱式桥墩抗震性能及设计方法研究[D].西安:长安大学,2021.

[41] 曾光勇.呼和浩特市三环快速路总体设计[J].城市道桥与防洪,2018(11):4.

[42] 刘帮俊,张伟.高墩大跨斜弯桥钢管混凝土格构柱设计[C]//第十九届全国桥梁学术会议论文集(上册),2010.

[43] 陶小林.山地城市交通系统震害预测及应用研究[D].重庆:重庆大学,2007.

[44] 李英民,王丽萍,刘立平.山地城市交通系统震害预测模型及其应用[J].西南交通大学学报,2009,44(2):6.

[45] 范立础.现代化城市桥梁抗震设计若干问题[J].同济大学学报:自然科学版,1997,25(2):8.

[46] 范立础,李建中.汶川桥梁震害分析与抗震设计对策[J].公路,2009(5):7.

[47] 李建中,马万权.山区典型高架桥抗震设计方法[C]//中国公路学会桥梁和结构工程分会全国桥梁学术会议,2004.

[48] 宋飞,李建中,管仲国.汶川地震百花大桥震害分析[J].振动与冲击,2015,34(8):8.

[49] 康孝先,张迅.汶川地震对绵阳地区桥梁的损伤和应急处治[J].交通科学与工程,2009,25(4):37-43.

[50] 林庆利.基于汶川地震震害的公路桥梁易损性研究[D].中国地震局工程力学研究所,2017.

[51] 周艳,张雷明,刘西拉.美国 Cypress 高架桥地震倒塌的仿真分析[J].岩石力学与工程学报,2005.

[52] 唐伟健,王东升,张蒙,等.桥梁震害的历史回顾(下)[J].地震工程与工程振动,2021,41(5):16.

[53] 范立础,李建中,王君杰.高架桥梁抗震设计[M].北京:人民交通出版社,2001.

[54] 陶亚芬.城市高架桥梁抗震设计[J].中国市政工程,2013(2):25-27.

[55] 李建中,马万权.山区典型高架桥抗震设计方法[C]//中国公路学会.中国公路学会桥梁和结构工程分会 2004 年全国桥梁学术会议论文集.北京:人民交通出版社,2004.

[56] 廖鑫,刘楠.城市高架桥抗震设计中的关键问题[J].住宅与房地产,2017(3):259.

[57] 张俊杰.城市轨道交通高架桥抗震分析[D].上海:同济大学,2000.

[58] FUJINO Y, HASHIMOTO S, ABE M. Damage Analysis of Hanshin Expressway Viaducts during 1995 Kobe Earthquake. Ⅰ: Residual Inclination of Reinforced Concrete Piers[J]. Journal of Bridge Engineering, 2005, 10(1):45-53.

［59］ HASHIMOTO S, FUJINO Y, ABE M. Damage Analysis of Hanshin Expressway Viaducts during 1995 Kobe Earthquake. Ⅱ: Damage mode of single reinforced concrete piers［J］. Journal of Bridge Engineering, 2005, 10(1):61-68.

［60］ MACRAE G A, KAWASHIMA K. Post-Earthquake Residual Displacements of Bilinear Oscillators［J］. Earthquake Engineering & Structural Dynamics, 1997, 26 (7):701-716

［61］ CHRISTIDIS A A, DIMITROUDI E G, HATZIGEORGIOU G D, et al. Maximum Seismic Displacements Evaluation of Steel Frames From Their Post-Earthquake Residual Deformation［J］. Bulletin of Earthquake Engineering, 2013, 11 (6): 2233-2248.

［62］ HAO J B, WU G, WU Z S. Research on the Reparability of Structures Based on Post-Earthquake Residual Deformation［J］. Advanced Materials Research, 2014, 919-921:938-944.

［63］ BAZZURRO P, CORNELL C, MENUN C, et al. Guidelines for Seismic Assessment of Damaged Buildings ［Z］. 13th World Conference on Earthquake Engineering. Vancouver, B.C., Canada, 2004.

［64］ LUCO N, BAZZURRO P, CORNELL C, et al. Dynamic Versus Static Computation of the Residual Capacity of Mainshock-Damaged Building to Withstand an Aftershock ［Z］. 13th World Conference on Earthquake Engineering. Vancouver, B. C., Canada, 2004.

［65］ KAWASHIMA K, MACRAE G A, HOSHIKUMA J I, et al. Residual Displacement Response Spectrum［J］. Journal of Structural Engineering. 1998, 124(5):523-530.

［66］ 李建中,管仲国.桥梁抗震设计理论发展:从结构抗震减震到震后可恢复设计 ［J］.中国公路学报,2017,30(12):1-9.

［67］ 吴玉,张景堂,陈祖坪.殿堂型建筑木构架体系的构造方法与抗震机理［J］.古建 园林技术,1996,4(4):32-36.

［68］ HOUSNER G W. The Behavior of Inverted Pendulum Structures During Earthquakes ［J］. Bulletin of the Seismological Society of America,1963,53(2):403-417.

［69］ PRIESTLEY M J N, EVISON R J, CARR A J. Seismic Response of Structures Free to Rock on Their Foundations［J］. Bulletin of the New Zealand National Society for Earthquake Engineering,1978,11(3):141-150.

［70］ MAKRIS N, KONSTANTINIDIS D. The Rocking Spectrum and the Limitations of Practical Design Methodologies ［J］. Earthquake Engineering and Structural Dynamics, 2003,32(2):265-289.

［71］ CHENG C T. Energy Dissipation in Rocking Bridge Piers Under Free Vibration Tests

[J]. Earthquake Engineering & Structural Dynamics, 2007, 36(4):503-518.

[72] PRIESTLEY M, TAO J T. Seismic Response of Precast Prestressed Concrete Frames With Partially Debonded Tendons[J]. PCI Journal, 1993, 38(1):58-69.

[73] PALERMO A, PAMPANIN S, CALVI G M. Use of "Controlled Rocking" in the Seismic Design of Bridges[J]. Doctate Thesis,2004.

[74] YU-CHEN O, METHEE C, IL-SANG A, et al. Cyclic Performance of Precast Concrete Segmental Bridge Columns:Simplified Analytical and Finite Element Studies [J]. Transportation Research Record, 2006, 1976(1):66-74.

[75] PAMPANIN S, PALERMO A, MARRIOTT D. Design, Modeling, and Experimental Response of Seismic Resistant Bridge Piers with Posttensioned Dissipating Connections[J]. Journal of Structural Engineering, 2007, 133(11):1648-1661.

[76] GUO T, CAO Z, XU Z, et al. Cyclic Load Tests on Self-Centering Concrete Pier with External Dissipators and Enhanced Durability [J]. Journal of Structural Engineering. 2016, 142(1):1-15.

[77] HUIHUI D. Numerical Studies on the Seismic Performances of RC Two-Column Bent Bridges with Self-Centering Energy Dissipation Braces [J]. Journal of Structural Engineering. 2020, 146(4):04020038.1-04020038.16.

[78] HEWES J T. Experimental testing of unbonded post-tensioned precast concrete segmental bridge columns [C]// Proc. of the 6th Caltrans seismic research workshop, California Department of Transportation, Sacramento, California, 2001

[79] BILLINGTON S L, YOON J K. Cyclic Response of Unbonded Posttensioned Precast Columns with Ductile Fiber-Reinforced Concrete[J]. Journal of Bridge Engineering. 2004, 9(4):353-363.

[80] DENG K, WANG T, KURATA M, et al. Numerical Study on a Fully-Prefabricated Damage-Tolerant Beam to Column Connection for an Earthquake-Resilient Frame[J]. Engineering Structures, 2018, 159(MAR. 15):320-331.

[81] 莫金生,马骉,张洁,等.UHPC 连接节段拼装桥墩拟静力试验[J].结构工程师, 2018,34(S1):88-95.

[82] 王景全,王震,高玉峰,等.预制桥墩体系抗震性能研究进展:新材料、新理念、新应用[J].工程力学,2019,36(3):1-23.

[83] 王震,王景全.预应力节段预制拼装桥墩抗震性能研究综述[J].建筑科学与工程学报,2016,33(6):88-97.

[84] 王志强,卫张震,魏红一,等.预制拼装联接件形式对桥墩抗震性能的影响[J].中国公路学报,2017,30(5):74-80.

[85] 臧华,刘钊,李红英,等.钢管混凝土桥墩抗震性能试验研究[J].防灾减灾工程学

报,2010,30(4):442-446,451.

[86] IEMURAH, TAKAHASHI Y, SOGABE N. Innovation of High-Performance RC Structure with Unbonded Bars for Strong Earthquakes [J]. Doboku Gakkai Ronbunshu, 2002,710(710):283-296.

[87] SAKAI J, MAHIN S A. Mitigation of Residual Displacements of Circular Reinforced Concrete Bridge Columns[J]. Proc of Us, 2004.

[88] SAKAI J, MAHIN S A. Analytical Investigations of New Methods for Reducing Residual Displacements of Reinforced Concrete Bridge Columns[J]. Peer, 2004.

[89] MANDER J B, CHENG C T. Seismic Resistance of Bridge Piers Based on Damage Avoidance Design[R]. Technical Report NCEER, 1997, 97-0014.

[90] HEWES J T. Seismic Design and Performance of Precast Concrete Segmental Bridge Columns[D]. San Diego, University of California, 2002.

[91] KWAN W P, BILLINGTON S L. Unbonded Posttensioned Concrete Bridge Piers. Ⅰ: Monotonic and Cyclic Analyses[J]. Journal of Bridge Engineering. 2003, 8(2): 92-101.

[92] BILLINGTON S L, YOON J K. Cyclic Response of Unbonded Posttensioned Precast Columns with Ductile Fiber-Reinforced Concrete[J]. Journal of Bridge Engineering. 2004, 9(4):353-363.

[93] JEONG H I. Evaluation of Self-Centering Reinforced Concrete Columns by Shaking Table Tests and Numerical Simulations [J]. Dissertations & Theses - Gradworks, 2007.

[94] MARRIOTT D, PAMPANIN S, PALERMO A. Quasi-Static and Pseudo-Dynamic Testing of Unbonded Post-Tensioned Rocking Bridge Piers with External Replaceable Dissipaters[J]. Earthquake Engineering & Structural Dynamics, 2009, 38(3): 331-354.

[95] 葛继平.节段拼装桥墩抗震性能试验研究与理论分析[D].上海:同济大学,2008.

[96] OU Y C, TSAI M S, CHANG K C, et al. Cyclic behavior of precast segmental concrete bridge columns with high performance or conventional steel reinforcing bars as energy dissipation bars [J]. Earthquake Engineering & Structural Dynamics, 2010, 39(11):1181-1198.

[97] CHOU C C,CHEN Y C. Cyclic tests of post-tensioned precast CFT segmental bridge columns with unbonded strands [J]. Earthquake Engineering and Structural Dynamics,2006, 35(2):159-175.

[98] CHOU C, HSU C. Hysteretic model development and seismic response of unbonded post-tensioned precast CFT segmental bridge columns[J]. Earthquake Engineering

and Structural Dynamics, 2010, 37(6):919-934.

[99] MARRIOTT D, PAMPANIN S, PALERMO A. Biaxial testing of unbonded post-tensioned rocking bridge piers with external replacable dissipaters[J]. Earthquake Engineering and Structural Dynamics, 2011, 40(15):1723-1741.

[100] 郭佳.基于性能的新型自复位桥墩抗震理论与试验研究[D].北京:清华大学,2012.

[101] 高慧兴.外置粘弹性阻尼器自复位节段拼装桥墩抗震性能研究[D].哈尔滨:哈尔滨工业大学,2016.

[102] HAN Q, JIA Z, XU K, et al. Hysteretic Behavior Investigation of Self-Centering Double-Column Rocking Piers For Seismic Resilience[J]. Engineering structures, 2019,(188):218-232.

[103] ZHOU Y L, HAN Q, DU X L, et al. Shaking Table Tests of Post Tensioned Rocking Bridge with Double Column Bents[J]. Journal of Bridge Engineering, 2019, 24(8):04019080.1-04019080.14.

[104] 钟善铜.钢管混凝土结构[M].3版.北京:清华大学出版社,2003.

[105] 韩林海,牟廷敏,王法承,等.钢管混凝土混合结构设计原理及其在桥梁工程中的应用[J].土木工程学报,2020,53(5):1-24.

[106] 臧华,刘钊.钢管混凝土桥墩的应用与研究[J].中国工程科学,2007,9(7):71-75.

[107] 张伟,刘安双,刘帮俊.钢-混凝土组合结构在重庆黄桷湾立交中的应用[C].2010组合结构桥梁和顶推技术应用学术会议,2010:134-136.

[108] 吴庆雄,佘智敏,袁辉辉,等.钢管混凝土箱形叠合超高墩设计与静力性能分析[J].桥梁建设,2019,49(6):84-89.

[109] MARSON J, BRUNEAU M, ASCE M. Cyclic Testing of Concrete-Filled Circular Steel Bridge Piers having Encased Fixed-Based Detail[J]. Journal of Bridge Engineering, 2004, 9(1):14-23.

[110] KADOYA H, KAWAGUCHI J, MORINO S. Experimental Study on Strength and Stiffness of Bare Type CFT Column Base with Central Reinforcing Bars[J]. American Society of Civil Engineers, 2004:127-136.

[111] STEPHENS M T, BERG L M, LEHMAN D E, et al. Seismic CFST Column-to-Precast Cap Beam Connections for Accelerated Bridge Construction[J]. Journal of Structural Engineering, 2016, 142(9):04016049.

[112] STEPHENS M T. Improving the Design and Performance of Concrete Bridges in Seismic Regions[D]. Doctoral thesis:University of Washington,2016.

[113] 徐艳,王臻,后藤·芳显,等.部分充填钢管混凝土桥墩振动台试验[J].中国公

路学报,2019,32(12):177-185.

[114] 邱文亮,田甜,张哲.反复荷载作用下钢管混凝土组合桥墩抗震性能试验研究[J].振动与冲击,2019,38(17):156-164,183.

[115] CHOU C C, WU S C. Cyclic Lateral Load Test and Finite Element Analysis of High-Strength Concretefilled Steel Box Columns Under High Axial Compression[J]. Engineering Structures. 2019, 189:89-99.

[116] 李宁,张双城,李忠献,等.预制拼装钢管混凝土自复位桥墩变形分析模型及验证[J].工程力学,2020,37(4):135-143.

[117] ZHANG D, LI N, LI Z X, et al. Seismic Performance of Bridge with Unbonded Posttensioned Self-Centering Segmented Concrete-Filled Steel-Tube Columns: An Underwater Shaking Table Test[J]. Soil Dynamics and Earthquke Engineering, 2020,138(Nov.):106350.1-106350.16.

[118] PAMPANIN S, PRIESTLEY M J, SRITHARAN S. Analytical modelling of the seismic behaviour of precast concrete frames designed with ductile connections[J]. Journal of Earthquake Engineering, 2001, 5(3):329-367.

[119] OU Y C, CHIEWANICHAKORN M, AREF A J, et al. Seismic Performance of Segmental Precast Unbonded Posttensioned Concrete Bridge Columns[J]. Journal of Structural Engineering, 2007, 133(11):1636-1647.

[120] 布占宇,谢旭,丁勇,等.后张预应力预制桥墩抗震解析计算方法[J].建筑科学与工程学报,2012,29(3):61-67.

[121] 布占宇,唐光武.无黏结预应力带耗能钢筋节段拼装桥墩抗震性能研究[J].中国铁道科学,2011,32(3):33-40.

[122] 葛继平,沈磊,王志强,等.基于并联弹簧接缝模型的装配式桥墩抗震分析方法[J].中外公路,2014,34(6):86-92.

[123] KWAN W P, BILLINGTON S L. Unbonded Posttensioned Concrete Bridge Piers. Ⅰ:Monotonic and Cyclic Analyses[J]. Journal of Bridge Engrg, 2003, 8(2):92-101.

[124] KWAN W E, BILLINGTON S L. Unbonded Posttensioned Concrete Bridge Piers Ⅱ:Seismic analyses[J]. Journal of Bridge Engineering,2003,8(2):102-111.

[125] CHIEWANICHAKORN M, AREF A J. Finite Element Simulations of Seismic Response of Precast Concrete Segmental Columns[C]. Structures Congress. 2006:1-9.

[126] 邱文亮,胡哈斯,田甜,等.影响钢管混凝土组合桥墩抗震性能的结构参数[J].浙江大学学报:工学版,2019,53(5):889-898.

[127] MANDER J B, PRIESTLEY M J N, PARK R. Theoretical Stress-Strain Model for

Confined Concrete［J］. Journal of Structural Engineering, 1988, 114（8）: 1804-1826.

［128］GUERRINI G. Seismic Performance of Precast Concrete Dual-Shell Steel Columns for Accelerated Bridge Construction［D］. San Diego,University of California, 2014.

［129］刘界鹏.钢管约束钢筋混凝土和型钢混凝土构件静动力性能研究［D］.哈尔滨: 哈尔滨工业大学,2006.

［130］韩林海,刘威.长期荷载作用对圆钢管混凝土压弯构件力学性能影响的研究 ［J］.土木工程学报,2002,35(2):8-19.

［131］KENT D C, PARK R. Flexural Members with Confined Concrete［J］. Journal of the Structural Division, 1990(97):1969-1990.

［132］PARK R, PRIESTLEY M J N, Gill W D. Ductility of Square-Confined Concrete Columns［J］. Journal of the Structural Division, 1982, 108(4):929-950.

［133］NAKANISHI K, KITADA T, NAKAI H. Experimental Study on Ultimate Strength and Ductility of Concrete Filled Steel Columns Under Strong Earthquake［J］. Journal of Constructional Steel Research, 1999, 51(3):297-319.

［134］CHANG G A, MANDER J B. Seismic Energy Based Fatigue Damage Analysis of Bridge Columns:Part 1. Evaluation of Seismic Capacity［M］. Buffalo, NY National Center for Earthquake Engineering Research(NCEER), 1994.

［135］SALARI M R, SPACONE E. Analysis of Steel-Concrete Composite Frames with Bond-Slip［J］. Journal of Structural Engineering, 2001, 127(11):1243-1250.

［136］陈亮,李建中.强震地面运动频谱特性对 RC 桥墩结构非线性地震反应的影响 ［J］.应用基础与工程科学学报,2011,19(5):749-757.

［137］中华人民共和国住房和城乡建设部.混凝土结构设计规范(2015 年版):GB 50010—2010［S］.北京:中国建筑工业出版社,2011.

［138］上海公路投资建设发展有限公司,上海市城市建设设计研究总院.预制拼装桥墩技术规程:DG/TJ 08-2160—2015［S］.上海:同济大学出版社,2015.

［139］中华人民共和国住房和城乡建设部.混凝土结构工程施工规范:GB 50666—2011［S］.北京:中国建筑工业出版社,2014.

［140］王东升,冯启民,翟桐.近断层地震动作用下钢筋混凝土桥墩的抗震性能［J］.地震工程与工程振动,2003,23(1):95-102.

［141］BU Z, GUO J, ZHENG R, et al. Cyclic Performance and Simplified Pushover Analyses of Precast Segmental Concrete Bridge Columns with Circular Section［J］. Earthquake Engineering and Engineering Vibration, 2016,15(2):297-312.

［142］GUO T, CAO Z, XU Z, et al. Cyclic Load Tests on Self-Centering Concrete Pier with External Dissipators and Enhanced Durability［J］. Journal of Structural

Engineering, 2016, 142 (1): 1-15.

[143] ELGAWADY M, BOOKER A J, DAWOOD H M. Seismic Behavior of Posttensioned Concrete-Filled Fiber Tubes[J]. Journal of Composites for Construction, 2010, 14 (5): 616-628.

[144] 葛继平, 刘丰, 魏红一, 等. 胶接缝连接的节段拼装桥墩抗震分析模型[J]. 武汉理工大学学报(交通科学与工程版), 2009, 33(5): 880-883.

[145] 李国豪. 工程结构抗震动力学[M]. 上海: 上海科学技术出版社, 1980.

[146] 李国豪. 桥梁结构稳定与振动[M]. 北京: 中国铁道出版社, 1992.

[147] 中华人民共和国交通运输部. 公路工程抗震规范: JTG B02—2013[S]. 北京: 人民交通出版社, 2014.

[148] 中华人民共和国建设部. 铁路工程抗震设计规范: GB 50111—2006[S]. 北京: 中国计划出版社, 2006.

[149] 胡聿贤. 地震工程[M]. 北京: 地震出版社, 1988.

[150] 中华人民共和国交通运输部. 公路桥梁抗震设计规范: JTG/T 2231-01—2020 [S]. 北京: 人民交通出版社, 2020.

[151] 李建中, 管仲国. 基于性能桥梁抗震设计理论发展[J]. 工程力学, 2011, 28(S2): 24-30.

[152] 郭磊, 李建中, 范立础. 直接基于位移的结构抗震设计理论研究进展[J]. 世界地震工程, 2005, 21(4): 157-164.

[153] 王东升, 李宏男, 赵颖华, 等. 钢筋混凝土桥墩基于位移的抗震设计方法[J]. 土木工程学报, 2006, 39(10): 80-86.

[154] 李正英, 李竟涛. 钢筋混凝土高墩抗震性能评价指标[J]. 重庆大学学报, 2014, 37(2): 69-74.

[155] KOWALSKY M J, PRIESTLEY M, MACRAE G A. Displacement-Based Design of RC Bridge Columns in Seismic Regions[J]. Earthquake Engineering & Structural Dynamics, 1995, 24(12): 1623-1643.

[156] 王义. 考虑土-结构相互作用的能力谱法在桥梁抗震性能评估中的应用[D]. 兰州: 兰州交通大学, 2014.

[157] 马高, 孙熠辉, 李惠. 单自由度体系残余位移分析及损伤评价[J]. 地震工程与工程振动, 2017, 37(5): 109-117.

[158] 孙广俊, 吴炳延, 李鸿晶. 考虑轴压比影响的钢筋混凝土圆形桥墩位移角地震损伤指标研究[J]. 南京工业大学学报(自然科学版), 2020, 42(3): 302-311.

[159] PALERMO A, PAMPANIN S, CALVI G M. Concept and Development of Hybrid Solutions for Seismic Resistant Bridge Systems[J]. Journal of Earthquake Engineering, 2005, 9(6): 899-921.

［160］ PALERMO A，PAMPANIN S，MARRIOTT D. Design，Modeling，and Experimental Response of Seismic Resistant Bridge Piers with Posttensioned Dissipating Connections［J］. Journal of Structural Engineering，2007，133（11）：1648-1661.

［161］ KAM W Y，PAMPANIN S，PALERMO A. Self-centering Structural Systems with Combination of Hysteretic and Viscous Energy Dissipations［J］. Earthquake Engineering and Structural Dynamics，2010，39（10）:1083-1108.

［162］中华人民共和国住房和城乡建设部.钢管混凝土结构技术规范:GB 50936—2014［S］.北京:中国建筑工业出版社,2014.

［163］中华人民共和国住房和城乡建设部.钢管约束混凝土结构技术标准:JGJ/T 471—2019［S］.北京:中国建筑工业出版社,2019.

致　谢

我所生活的城市——重庆,是世界知名的山地城市。自 2015 年起,林同棪国际工程咨询(中国)有限公司与重庆大学共同谋划了"山地城市交通创新实践丛书",该丛书得到了国家出版基金的大力支持。本书为丛书之一。作为编者能够共同参与山地交通建设方面的理论研究和实践总结,倍感荣幸,并向丛书编委会和各参编单位致以感谢。

本书相关研究工作得到了国家自然科学基金项目"预制节段钢管混凝土自复位桥墩体系抗震性能研究"(立项编号:51678434,依托单位:同济大学)和重庆市科学技术委员会研究项目"基于可恢复性的城市高架桥地震损伤机理与控制研究"(立项编号:cstc2016jcyjys30002,依托单位:林同棪国际工程咨询(中国)有限公司)的大力支持和帮助,在此深表谢意。

本书中的设计实践项目均为林同棪国际工程咨询(中国)有限公司的工程实践作品,在此对公司同仁表示诚挚的感谢。特别是邓文中院士给予的悉心指导,让我大受裨益;杨进总裁、蒋中贵大师、何天弘博士、任国雷大师、李小荣大师、刘安双大师、陈晓虎博士等都给予了许多的关心和指导,同时邓宇、刘帮俊、陈健、漆勇、兰振波等同事提供了大量资料和素材,为顺利成书提供了有力支撑,谢谢你们给予的支持和协助。

本书的理论研究工作得到了同济大学土木工程学院李建中教授和桥梁系抗震教研室许多老师的全程指导,现场实验也均在同济大学土木工程防灾国家重点实验室内完成,感谢李建中教授和各位老师在试验和研究过程中对我的支持和帮助。

本书的编撰成书得到了重庆大学出版社的全方位支持,非常感谢出版社的每一个人,特别是雷少波副总编辑、张慧梓、孙英姿、范春青、林青山、肖乾泉等,感谢他们辛苦的工作和专业的审校。相信在他们高标准的要求下,"山地城市交通创新实践丛书"将能够很好地向全世界宣传我国山地城市在交通建设方面的理论和实践成就。

山地城市相关工程是一项系统工程,涉及许多学科和领域。在本书编撰过程中参考和引用了大量资料和研究成果,在此对相关作者表示衷心感谢并致以诚挚敬意;也希望本书的读者和学者们能够提出更多的宝贵意见,在此一并致以敬意。

感谢我的家人们,让我有足够的时间完成撰写工作,家人的鼓励是完成任务的有力支撑,家人们的期望是不断前行的持续动力。

在此本书完成之际,谨向所有关心、帮助、激励我的人们致以真挚的感谢和美好的祝愿,希望未来共同努力为山地城市建设贡献力量。

刘雪山